Gisbert Greshake

Geschenkte Freiheit

Gisbert Greshake

Geschenkte Freiheit

Einführung in die Gnadenlehre

Herder
Freiburg · Basel · Wien

Die Deutsche Bibliothek – CIP-Einheitsaufnahme

Greshake, Gisbert:
Geschenkte Freiheit : Einführung in die Gnadenlehre /
Gisbert Greshake. – Neuausg. – Freiburg im Breisgau ;
Basel ; Wien : Herder, 1992
ISBN 3-451-22489-5

Neuausgabe

Herstellung: Freiburger Graphische Betriebe 1992
ISBN 3-451-22489-5

Vorwort zur Neuausgabe

„Gnade ist der Zentralbegriff der christlich-biblischen Gotteserkenntnis“, bemerkt kurz und prägnant Emil Brunner[1]. Dieser überragenden Bedeutung der Gnade stand Ende der 70er Jahre, als die erste Auflage dieses Büchleins erschien, ein bemerkenswertes Defizit an verantworteter Besinnung und theologischer Reflexion gegenüber. „Gnade“ war damals und ist wohl auch heute immer noch einer der „unaufgeklärtesten“ religiösen Binnen-Begriffe, der mit der konkreten Erfahrung des Menschen wenig oder gar nichts zu tun zu haben und nur eine unerfahrbare, subjektiv beteuerte „religiöse Welt“ zu betreffen scheint.

Und doch: „Wenn wir Gnade finden sollen, muß sie in der Welt gefunden werden und nicht darüber“, sagt zu Recht Amos N. Wilder[2]. Erst dann wird die theologische Rede von der Gnade nicht eine bloße „Über-Wirklichkeit“, sondern das zum Ausdruck bringen, worauf der Mensch zutiefst angelegt und wonach er ständig auf der Suche ist.

Diesem Ziel soll die vorliegende Schrift dienen. Nicht in der Höhe theologischer Spekulation, vielmehr ausgehend von Phänomenen menschlicher Grunderfahrungen und -fragen soll die Botschaft von der Gnade Gottes entfaltet werden. Erfahrungen und Fragen des Menschen sind aber stets geschichtlich situiert. Darum lassen sich viele Einsichten der gängigen kirchlichen Gnadenlehre nur vermitteln, indem sie von ihrem ursprünglichen geschichtlichen Erfahrungskontext her verstanden werden. Der breite geschichtliche Teil dieser Schrift ist darum kein entbehrlicher Umweg oder musealer Rückblick, sondern die notwendige Voraussetzung dafür, durch die traditionellen, in der Kirche bis heute geltenden Begriffe der Gnadenlehre zu ihrer originären Erfahrungs- und Problembasis vorzustoßen. Dabei zeigt sich, daß es bei den vielfältigen Fragen zum Gnadenverständnis im Grunde um die menschliche Freiheit geht, um jene Freiheit und Liebe, die der

[1] Gnade, in: RGG² II, 1261.
[2] Zit. aus *H. Cox*, Stadt ohne Gott?, dt. (Stuttgart – Berlin ²1967) 280.

Mensch sich nicht selbst gewähren kann, die ihm vielmehr von Gott her als Geschenk verheißen ist und die sich jetzt schon in der konkreten Wirklichkeit in Zeichen und Erweisen kundtut und verwirklicht. Gnadenlehre ist so christliche Freiheitslehre und mithin alles andere als ein isoliertes, nur religiös und innerkirchlich relevantes Aussagenfeld ...

Seit dem ersten Erscheinen von „Geschenkte Freiheit" sind mittlerweile fast 15 Jahre vergangen. Das gegen Ende der 70er Jahre zu beobachtende Defizit an Gnadenlehre wurde seither durch eine wahre Flut von Veröffentlichungen ausgeglichen; neue Fragestellungen und Perspektiven in Sachen Gnadenverständnis eröffneten sich, andere traten zurück. Doch ich hoffe, daß auch in diesem verstärkten und teils mit ganz neuen Stimmen besetzten theologischen „Chor", der die Gnade Gottes „besingt", „Geschenkte Freiheit" noch seinen Dienst als erste Einführung tun kann. Denn eben dies ist die (begrenzte) Perspektive des vorliegenden Büchleins, daß es sich, ausgehend von menschlichen Erfahrungen und auf ihrem ständigen Hintergrund, dem Verständnis von Gnade zu nähern sucht.

Damit aber der Leser oder der Studierende auf dem Stand der theologischen Diskussion und Problemlage ist, wird ein, gegenüber den ersten drei Auflagen neues, siebtes Kapitel angefügt, das über die derzeitige Situation in der Gnadentheologie informiert.

Den schon im Vorwort zur ersten Auflage geäußerten Dank an meine Mitarbeiter und Freunde gebe ich auch in dieser Neuausgabe weiter.

Freiburg im Breisgau, Pfingsten 1991 *Gisbert Greshake*

Inhalt

Erstes Kapitel
Probleme des Gnadenverständnisses

„Gnade“ ist eines der meist gebrauchten Worte der religiösen Sondersprache, aber es ist sicher auch eines der verbrauchtesten Worte. Fast für alles und jedes benutzt man im religiös-kirchlichen Leben das Wort Gnade. Aber, was bedeutet das Wort, was meint man damit? Was meinen Sätze wie: Der Mensch ist ohne Gnade; er erhält Gnade; er verliert die Gnade; Gott schenkt Gnade; Gott schenkt keine Gnade; Maria vermittelt alle Gnade; Maria vermittelt nicht alle Gnade usw.? Gnade scheint in all diesen Sätzen eine Art unsichtbarer Substanz zu sein, ein Fluidum von Energie, das man hat oder eben nicht hat, das man vergrößern, verkleinern oder gar verlieren kann. Aber, was soll diese unsichtbare Wirklichkeit „Gnade“?

Da man offenbar weder die Gnade selbst noch ihre Wirkungen sehen kann, ist in den letzten Jahren und Jahrzehnten das Wort Gnade immer leerer geworden, eine Worthülse, die zwar fromm klingt, die auch zum Instrumentarium jedes Predigers und Katecheten gehört, die aber für das alltägliche Leben nur noch wenig Relevanz hat. Das war früher einmal anders.

Als irische Mönche um 700 zur Übersetzung des lateinischen Wortes „gratia“ das germanische Wort „gnade“ übernahmen – dieses bedeutet *unspezifisch* soviel wie „Ruhe“, „Sich-Neigen“[1] und *spezifisch* „Zuneigen“, „huldvoll-helfendes Sich-Neigen“ im

[1] Vgl. den mittelhochdeutschen Satz „diu sunne gie ze gnāden“ = Die Sonne geht *zur Ruhe.*

Sinne der Gewährung eines Vorteils, der „über das hinausgeht, was beansprucht werden kann“[2]–, legten sie zwar den Grund für eine pointiert religiöse Sonderbedeutung des Wortes „Gnade“. Dennoch wurde dieses Wort in der Vergangenheit niemals *exklusiv* religiös verwendet, es hatte immer auch eine öffentlich-gesellschaftliche Relevanz und damit eine sehr präzise Konkretheit und Anschaulichkeit. Man denke nur an das, was hinter dem Stichwort „Herrschaft von Gottes Gnaden“ steht, das seit dem 13. Jahrhundert als Beiname der Mächtigen übernommen wurde und die ältere Formel „dei gratia“ explizierte. Diese letztere Formel wurde „wahrscheinlich auf persönlichen Antrieb Karls d. Gr. ... in die fränkischen Urkunden als feststehende Beifügung zum Herrschertitel eingeführt“[3]. Weltliche Herrschaft verstand sich darin als Repräsentanz Gottes, von ihm beauftragt, nicht nur für Recht und Ordnung zu sorgen, sondern auch und vor allem Gottes gütiges Verhalten nachzuahmen, nämlich, wie Gott Gnade vor Recht und Verdienst ergehen zu lassen. Das gleiche war ja ursprünglich auch mit den Anredeformen „gnädiger Herr“ und „gnädige Frau“ gemeint[4], Anredeformen, die zu Recht heute immer mehr zu archaischen Floskeln geworden sind, die aber ursprünglich daran erinnern wollten, daß Herrschaft sich „gnädig“, das heißt gütig und liebevoll, zu verhalten hat. Heute, in unserer demokratischen Gesellschaft, haben wir ein anderes Verständnis von Herrschaft und Macht. Beides hat sich nicht mehr „von oben“, sondern „von unten“ her zu legitimieren. Darüber hinaus wollen wir im politisch-gesellschaftlichen Leben nichts geschenkt haben, sondern im Notfall durch Fürsorge- und Versicherungsinstitutionen „unser Recht“ bekommen. Auch die geschichtlichen Ereignisse legen sich nicht mehr im Begriffsfeld von „Gnade Gottes“

[2] *H. Paul,* Deutsches Wörterbuch (1896), hrsg. von W. Betz (Tübingen [5]1966) 268; *F. Melzer,* Das Wort in den Wörtern (Tübingen 1965) 175.

[3] *Grimm,* Deutsches Wörterbuch (Leipzig 1956) IV, 1, 5, 524.

[4] „War erst einmal ein König als *gnädig* anerkannt, weil er *Gnade vor Recht* ergehen lassen, weil er *begnadigen* konnte, so ging das Adjektiv *gnädig* bald auf alle Höhergestellten über“: *Melzer,* a. a. O. 177.

und „Gericht Gottes" aus, wie früher, da man konkret die Geschichte des eigenen Lebens, der Gesellschaft und der Staaten als unmittelbar von Gott abhängig erfuhr. Nicht mehr als „Gnade" oder „Gericht Gottes" wird alles Geschehen gedeutet, sondern als Glücks- oder Unglücksfall, als Gelingen oder Mißlingen eigenen Könnens, wobei der Mensch sich aufgerufen fühlt, die Zufälligkeit von Glück und Unglück zu beseitigen und alles, was geschieht, mehr und mehr menschlicher Verfügungsgewalt zu unterstellen. Allenfalls ist der Begriff „Begnadigung" noch im Justizwesen zu Hause, aber auch dort gibt es in verschiedenen Staaten die Tendenz, die Bedingungen zur Begnadigung rechtlich zu fixieren und somit aus dem Akt der Begnadigung eine justiziable, also im Gericht nachprüfbare Amnestie zu machen.

So sehen wir, wie heute alles darauf hinausläuft, das zu eliminieren, was früher einmal positiv im öffentlichen Leben Gnade genannt wurde. Mittlerweile sind „Gnade", „gnädig" für nicht wenige unserer Zeitgenossen geradezu höhnische Worte geworden[5]. „Ach, wie gnädig!", ruft man witzelnd, höhnisch oder zynisch aus, wenn jemand sich großzügig zeigt; und Urteile wie: „Er hat diese Stellung von Gnaden eines andern", oder: „Er hängt von Gnaden eines anderen ab", werden als dezidiert negativ empfunden. Man will heute nichts geschenkt haben, man will nicht von Gnaden eines anderen leben.

Nicht zuletzt deshalb, weil Gnade (wie übrigens andere Schlüsselworte des christlichen Glaubens auch) keine positive gesellschaftliche Relevanz und Anschaulichkeit mehr hat, ist sie für viele Menschen zu einer unerfahrbaren Abstraktion geworden, zu einer Leerformel, die zwar noch zum religiösen Vokabular gehört, die aber keine konkrete Wirklichkeit mehr ausdrückt und deshalb in der Welt, in der der Mensch heute wirklich zu Hause ist, keine Bedeutung mehr hat.

[5] Vgl. Wörterbuch der Deutschen Gegenwartssprache, hrsg. von R. Klappenbach u. W. Steinitz (Berlin 1967) 1617, 1619 mit einer Reihe von Beispielen.

Wir haben uns jedoch vor vorschnellen Urteilen zu hüten. Was ehemals durch Begriffe des Wortfeldes Gnade zum Ausdruck gebracht wurde, war die Überzeugung, daß es außer Recht und Leistung, Notwendigkeit und Zufall, noch andere Möglichkeiten des Verhaltens gibt, nämlich die freie, durch nichts einzufordernde, sondern eben nur als freie entgegenzunehmende *personale Zuwendung,* die mir ein anderer zukommen läßt. Nicht Recht, Leistung, Notwendigkeit und Zufall allein bestimmen alles Verhalten und alle Ereignisse: es gibt auch in unserer heutigen Erfahrung darüber hinaus freies personales Verhalten, das in selbstloser Liebe seine Zuspitzung findet. Liebe ist weder zufällig noch notwendig, erst recht kann man auf sie keinen einklagbaren Anspruch erheben oder sie sich durch Leistung verdienen. Trotzdem ist Liebe das, was der Mensch am meisten benötigt und wonach er auf vielerlei Weise immer wieder aufs neue Ausschau hält.

Von dieser Erfahrung her gewinnen wir einen ersten Zugang zum theologischen Gebrauch des Wortes „Gnade“. Das Verhalten Gottes dem Menschen gegenüber entspringt weder der Notwendigkeit noch dem Zufall, noch ist es vom Menschen her einklagbar, vielmehr ist es zutiefst als Gnade, das heißt als freieste personale Zuwendung der Liebe zu verstehen. Gnade bezeichnet mithin nicht irgendeine unsichtbare Substanz, eine geheimnisvolle Energie, eine unfaßbare Wirklichkeit; sondern sie ist ein Relationsbegriff, der auf die Frage: Wie verhält sich Gott zu mir? antwortet: frei und gütig, mit radikalster Liebe. Gnade artikuliert also die Menschenbeziehung Gottes und – daraus entspringend – das Selbstverständnis des Menschen angesichts der Menschlichkeit Gottes. Denn wenn Gottes Verhalten zum Geschöpf nur als radikalste Liebe bezeichnet werden kann, dann besteht die wahre Natur des Menschen darin, solche Liebe entgegennehmen und beantworten zu können und darin Vollendung zu finden. Das aber bedeutet: der Mensch hat kein in sich und durch sich selbst vollendbares Wesen, sondern er ist auf die Freiheit der Liebe Gottes angewiesen.

Da man aber dem Wort Gnade den relationalen und personalen

Charakter nicht mehr ansieht, weil der Begriff Gnade ein Stück weit – wie wir noch im einzelnen sehen werden – seinen Charakter geändert hat und weil das Wort „Gnade“ ein Element der religiösen Sondersprache wurde, ist zu überlegen, ob man nicht im Gebrauch dieses Wortes sehr zurückhaltend sein und statt dessen Begriffe benutzen sollte, die für den Menschen von heute auf Grund ihrer Analogie zu erfahrbaren zwischenmenschlichen Beziehungen eine gewisse Anschaulichkeit und Plausibilität haben. Denn hier, im freien personalen Verhalten der Liebe unter den Menschen, haben wir die einzige Analogie, um uns Gottes Verhalten zum Menschen, sein – wie wir sagen – *Gnadenwirken* verständlich zu machen.

Freilich sind mit dem Auswechseln des Wortes nicht einfach alle Schwierigkeiten beseitigt. Denn die Problematik des Sprechens von Gnade liegt noch ein ganzes Stück tiefer. Wie immer man das mit Gnade Gemeinte neu sagt, in jedem Fall wird man zum Ausdruck bringen müssen, daß der Mensch in seinem tiefsten Wesen auf etwas angewiesen ist, das er selbst nicht zu leisten vermag, worauf er kein Recht geltend machen kann und was ihm in freier Güte von Gott geschenkt wird, so daß er sich Gottes Liebe zu verdanken hat. Hier liegen nun aber die eigentlichen Schwierigkeiten, heute die Botschaft von der Gnade Gottes zu verstehen und verständlich zu machen. Denn, um es mit einem Wort von J. Auer zu sagen, „der Mensch ... ist zu allen Zeiten und ganz besonders in dem aufgeklärten und technischen Zeitalter, in dem wir leben, dazu geneigt, sich selbst zum Ausgangspunkt und zur Mitte und zum Ziel seines Strebens und Suchens zu machen. Er will autonom und mündig sein und sein Leben selbst gestalten. Was er wird und was aus seiner Welt wird, will er selbst leisten, nicht einem andern verdanken. Zumal der Mensch des technischen Zeitalters ist davon überzeugt, daß er immer mehr sich und sein Leben selbst ganz gestalten kann und gestalten muß. Dabei erscheint ihm alles, bis hinein in die eigenen Tiefen, manipulierbar: nichts ist an sich, alles ist ihm zuhanden und für ihn da. Sein Denken geht von der erfahrbaren Welt aus und beschränkt sich auf erfahrbare, kontrollierbare und beherrschbare Wirklichkeiten."[6] Der Mensch beginnt – wie Albert Camus bemerkt – „die eigentliche Revolte, die Ersetzung des Reiches der Gnade durch das der Gerechtigkeit"[7]. Dieser Grundhaltung des Menschen diametral gegenüber stellt Paulus den Satz: „Was hast du, was du nicht empfangen hättest? Wenn du es aber empfangen hast, was rühmst du dich, als ob du es nicht empfangen hättest?" (1 Kor 4,7). Gegen den Menschen also, der sich seiner selbst rühmen will, seiner Leistung und seines Könnens, verkündet Paulus die Botschaft von der Gnade Gottes. Alles, was der Mensch hat, hat er als Geschenk empfangen und nicht als Ergebnis seines Könnens. Darum gibt es keinen Grund für irgendwelchen Selbstruhm.

Das Christentum besteht also darauf, daß da, wo es um das Eigentliche und Zentrale des menschlichen Lebens, um sein letztes Glück und Gelingen geht, nicht menschliche Leistung, ihr Recht auf Kompensation oder Wesensnotwendigkeit steht, sondern freies unverfügbares Sich-beschenken-Lassen von Gott, eben „Gnade".

Wo finden sich heute Ansätze, diese christliche Grundbotschaft verständlich zu machen?

[6] *J. Auer*, Das Evangelium der Gnade = Kleine katholische Dogmatik V (Regensburg 1970) 19.

[7] Der Mensch in der Revolte dt. (Hamburg 1953) 60. – Übersetzung geändert.

Zweites Kapitel
Verstehensansätze

1. Der Mensch, „das noch nicht festgestellte Tier"

Wo immer sich menschliches Selbstverständnis artikuliert, da kommt in unendlichen Variationen zum Ausdruck, daß der Mensch, wie er ist, nicht fertig ist, noch unterwegs ist; er ist mit sich noch nicht identisch, hat seine Vollendung noch nicht gefunden. Eingespannt zwischen „Nichts" und „Alles", ist in ihm ein ständiger „Mehrwert", der über alle mögliche Erfüllung hinaus auf ein Größeres verweist. Unbefriedigt in jedem Jetzt, streckt er sich nach größerem Glück und Leben aus.

Dafür nur zwei Zeugnisse, das eine von einem ungläubigen, das andere von einem gläubigen Denker.

Nach Nietzsche ist der Mensch „das *noch nicht festgestellte* Tier"[1], noch „unausgeschöpft für die größten Möglichkeiten"[2]. „Er weckt für sich ein Interesse, eine Spannung, eine Hoffnung, beinahe eine Gewißheit, als ob mit ihm sich etwas ankündige, etwas vorbereite, als ob der Mensch kein Ziel, sondern nur ein Weg, ein Zwischenfall, eine Brücke, ein großes Versprechen sei ..."[3]

[1] Jenseits von Gut und Böse, WW hrsg. von K. Schlechta, Bd. II (München 1966) 623. [2] Ebd. 662.

[3] Zur Genealogie der Moral, ebd. 826. – Vgl. auch Also sprach Zarathustra, ebd. 281: „Der Mensch ist ein Seil, geknüpft zwischen Tier und Übermensch – ein Seil über einem Abgrunde. Ein gefährliches Auf-dem-Wege, ein gefährliches Zurückblicken, ein gefährliches Schaudern und Stehenbleiben. Was groß ist am Menschen, das ist, daß er eine Brücke und kein Zweck ist: was geliebt werden kann am Menschen, das ist, daß er ein *Übergang* und ein *Untergang* ist."

Blaise Pascal: „Denn was ist schließlich der Mensch im Kosmos? Ein Nichts im Vergleich mit dem Unendlichen, ein All gegenüber dem Nichts, eine Mitte zwischen Nichts und All."[4] „Auf einer unermeßlichen Mitte treiben wir dahin, stets unsicher und schwankend, von einem Ende zum andern getrieben. Wo immer wir an eine Grenze zu geraten und festen Fuß zu fassen vermeinen, gerät sie in Bewegung und entgleitet uns; wenn wir ihr folgen, entzieht sie sich unserem Griff, entschwindet uns, in ewiger Flucht vor uns. Nichts bleibt vor uns stehen. Das ist der Zustand, der uns natürlich ist und trotzdem zu unseren Neigungen im größten Widerspruch steht; wir verbrennen vor Sehnsucht, einen festen Ort und ein endgültiges, bleibendes Fundament zu finden, um einen Turm darauf zu erbauen, der sich bis ins Unendliche erhebt; aber alle unsere Fundamente bersten, und die Erde tut ihre Abgründe auf."[5]

Was sich in diesen Worten ausspricht, ist die Erfahrung, daß der Mensch den Menschen um ein Unendliches übersteigt. Auf vielfache Weise beschränkt, durch sich selbst, die Mitmenschen und die Widerständigkeit der Welt, begrenzt, endlich, verlangt er ausdrücklich-bewußt oder im gelebten Vollzug nach dem Unbegrenzten und Unendlichen, um sein *„Heil"* zu finden.

Der Begriff Heil bezeichnet dabei von seiner Etymologie her sehr genau das Gemeinte. „Heil" bedeutet ursprünglich „Ganzheit", Fülle, volle Verwirklichung[6]. Wenn alles Entfremdende, Vorläufige und Fragmentarische überwunden ist und der Mensch seinen unendlichen Drang nach Glück, Leben und Freude ganz verwirklicht, wenn er ganz bei sich ist und mit sich übereinstimmt im Hinblick auf seine persönlichen Wünsche, seine mitmenschlichen Beziehungen und sein Verlangen nach einer Welt, die „Heimat" für ihn ist, dann hat er sein Heil gefunden. Die Sehnsucht

[4] *B. Pascal,* Gedanken, hrsg. von W. Rüttenauer (Wiesbaden o.J.) 148 = Fragment 72. Die Übersetzung wurde leicht geändert.
[5] Ebd. 152.
[6] Heil ist dem griechischen holos und dem englischen whole (= ganz) verwandt.

nach Heil ist somit der Wunsch nach einem sinnerfüllten Leben in einer sinnerfüllten Welt für alle[7].

Aber wie ist das möglich? Ist es überhaupt möglich? Ist die Feierlichkeit, Erhabenheit, Nicht-Alltäglichkeit des Wortes „Heil" nicht geradezu ein Indiz dafür, daß es in Wirklichkeit so etwas wie Heil gar nicht gibt?

Während die Bedürfnisse des Tieres offenbar von der Natur befriedigt werden können, stellt sich das Heilsverlangen und -„bedürfnis" des Menschen als äußerst problematisch dar. Wie kann der Mensch als begrenztes Wesen alle Grenzen sprengen? Wie vermag sein Weg in und durch die Fragmente von Welt und Geschichte einmal in das Ganze einzumünden? Wie kann der wesenhaft sich entfremdete, widersprüchliche, auf den Tod hinlaufende Mensch einmal volle, bleibende Identität gewinnen? Ist seine Heilssehnsucht nicht doch vielleicht nur Illusion, „passion inutile", ist der heilsuchende Mensch eine „Verunglückung" und der Mensch darum ein „unglückliches Wesen"? Daraus können zwei verschiedene, ja gegensätzliche Folgerungen gezogen werden.

Aus der Einsicht in das Unvermögen, sich selbst zu vollenden, kann die Tendenz erwachsen, das Heilsverlangen abzuwürgen, es zu verdrängen, sich mit dem „kleinen Glück" zu begnügen und sich mit der „Unbefriedigtheit" jedes Augenblicks und der ewigen Verschränkung von „Qual und Glück" „weise" abzufinden:

> „Ich habe nur begehrt und nur vollbracht
> Und abermals gewünscht und so mit Macht
> Mein Leben durchgestürmt: erst groß und mächtig,

[7] Vgl. *D. Sölle,* Der Wunsch, ganz neu zu sein, in: Merkur 28 (1974) 321: „Das alte Wort der religiösen Sprache ‚Heil' drückt genau dieses Ganz-sein, Unzerstücktsein, Nicht-kaputt-sein aus. Daß die kaputten Typen – und wer rechnet sich nicht zuzeiten dazu? – den Wunsch haben, ganz zu sein, ist nur verständlich. Es ist zugleich der Wunsch nach einem Leben ohne Berechnung und ohne Angst, ohne äußere oder bereits verinnerlichte Erfolgskontrolle, ohne Absicherung. Vertrauen können, hoffen können, glauben können – alle diese Erfahrungen sind mit einem intensiven Glücksgefühl verbunden, und eben um dieses Glück des Ganzseins geht es ...".

Nun aber geht es weise, geht bedächtig.
Der Erdenkreis ist mir genug bekannt.
Nach drüben ist die Aussicht uns verrannt;
Tor, wer dorthin die Augen blinzelnd richtet,
Sich über Wolken seinesgleichen dichtet;
Er stehe fest und sehe hier sich um!
Dem Tüchtigen ist diese Welt nicht stumm.
Was braucht er in die Ewigkeit zu schweifen?
Was er erkennt, läßt sich ergreifen.
Er wandle so den Erdentag entlang;
Wenn Geister spuken, geh er seinen Gang,
Im Weiterschreiten find er Qual und Glück,
Er! unbefriedigt jeden Augenblick." (Faust II, 5. Akt)

Aber kann eine solche Einstellung widerspruchsfrei im Lebensvollzug praktiziert werden? Es ist doch so: „Wo immer der Mensch in der Entfaltung seines Weltdaseins eine Grenze antrifft, treibt und ruft ihn etwas über diese Grenze hinaus. Darum muß der Mensch immer noch mehr wollen, ohne daß er doch durch bloße Anhäufung von solchem ‚noch-mehr' je das, worum es ihm immer schon geht, wesentlich auszufüllen vermöchte."[8] Wo der Mensch sich mit Grenzen „weise" abfindet, verliert er seine Freiheit, jene tiefste Eigenschaft, kraft welcher er sich eben nicht einfügt in den Raster von Begrenztheit und Determiniertheit, wie sie allen anderen Wesen zukommt, sondern kraft derer er über sich hinaus in das Weite, Freie, Unermeßliche gestellt ist. Zerstört wird Freiheit auch, insofern sie Selbstbesitz und Selbstverwirklichung des Menschen bedeutet: das Sich-Begnügen mit dem „kleinen Glück" ist nur auf Kosten des Dranges nach ungebrochener Identität und Weite möglich. Beschränkung auf das Erreichte und vom Menschen Erreichbare führt zur „verzweifelten Begrenztheit, Borniertheit", zur „Verzweiflung der Endlichkeit"[9]. Es peren-

[8] *B. Welte,* Thomas von Aquin, Über das Gute, in: *ders.,* Auf der Spur des Ewigen (Freiburg i.Br. 1965) 177f.
[9] *S. Kierkegaard,* Die Krankheit zum Tode (Düsseldorf 1957) 29, 31.

niert die Fragmentarität menschlichen Lebens und führt in letzter Konsequenz zu Zynismus oder Hoffnungslosigkeit. Das „kleine Glück", das nicht offen ist für das je größere und nicht in seiner Zerbrechlichkeit nach Dauer verlangt, verliert das Glückhafte, führt in die Enge, erstickt.

Aus der Einsicht in die Unfertigkeit und Unabgegoltenheit des menschlichen Wesens und seines unendlichen Dranges nach Erfüllung kann aber auch eine andere Folgerung gezogen werden: Der Mensch sucht seine Endlichkeit und Ohnmacht trotzig zu überwinden und sich selbst und die Welt zu dem zu machen, wohin ihn Sehnsucht und Glücksverlangen treiben. In vielfachen utopischen Vorentwürfen stellt sich der Mensch das Leitbild einer versöhnten Welt und eines wahrhaft menschlichen Lebens in ihr vor und versucht durch sein eigenes Können und Vermögen dieses Leitbild selbst zu realisieren, also selbst vollendetes Heil zu schaffen. Wo das aber geschieht, geht aufs neue wahre Freiheit und Menschlichkeit verloren. Der Mensch, „der sich ganz in seine Hand genommen hat und darin die Welt ganz in seine Hand genommen hat, der Mensch, der alles kann und vermag, ist nicht nur seine eigene radikale Selbstüberschätzung, die ihn ziemlich bald für sich selbst unausstehlich oder lächerlich macht; er ist zugleich auf eine totale ‚Anstrengung' reduziert, die ihn verzweckt. Der Macher des eigenen Glücks und der eigenen Welt wird zum Konsumenten seiner selbstgemachten Welt und seiner selbstgemachten Menschlichkeit, die ihm je nur zum Kraftfutter fürs neue Machen dienen, dessen Ziel sich ihm in tantalische Unerreichbarkeit hinein entzieht, in ein radikales Jenseits, das nur eines nicht kennt: Lösung, zu sich selbst befreite Freiheit, Verdanken und Beschenktsein."[10] Dinge, Zustände, Verhältnisse, die der Mensch mit *absolutem* Engagement anstrebt und mit denen er sich *absolut* identifiziert, um in ihnen und durch sie sein Heil zu finden (Macht, Wissen, Lust, Berufserfolg, Liebe) schlagen gleichsam zurück: statt Freiheit zu gewähren, versklaven sie als Götzen ihre Diener.

[10] *K. Hemmerle,* Der Begriff des Heils, in: IKaZ 3 (1972) 212.

Als sachhafte Gebilde selbst begrenzt, bruchstückhaft, vorläufig, können sie nicht erfüllen, was sich der Mensch von ihnen erwartet. Zurück bleibt Enttäuschung, Desillusionierung, der bittere Geschmack, sich auf ein Nichts eingelassen zu haben. Im Haben von Dingen, die selbst begrenzt sind, ist der unendliche Glücks- und Freiheitsdrang des Menschen nicht zu befriedigen.

Mehr noch: Wo der Mensch das „totum", nämlich das Gelingen des *Ganzen* seines Lebens und das der Welt selbst in die Hand nimmt, wird er notwendig *totalitär.* Er ist überfordert. Wo er diese Überforderung zu überspringen sucht, erdrückt, verzeichnet und vergewaltigt er die Wirklichkeit.

Das zeigt sich uns heute in besonderer Weise an jenen Phänomenen, auf welche die Frankfurter Soziologenschule unter dem Stichwort „Dialektik der Aufklärung" hingewiesen hat: Ausgezogen, um die Welt seinem Glücksverlangen zu unterwerfen, ihr das eigene menschliche Gesicht aufzuprägen und so in ihr Heimat zu finden, sieht der Mensch heute mit Erschrecken die nicht beabsichtigten Folgen seines Tuns: Die oft irrationalen Zwangsläufigkeiten seiner Zivilisation mit ihren die Freiheit manipulierenden vielfältigen Determinismen, Mechanismen, Automatismen; das undurchschaubare Geflecht von anonymen Kräften, Verwaltungsapparaturen und positivistischen Planungspostulaten; Organisation der Freizeit, Ausverkauf des Privatlebens, Funktionalisierung und damit Verdinglichung des Menschen zu einem Element der Produktionsmaschinerie; Eliminierung oder Unterbewertung alles dessen, was im Leistungsdenken keinen Platz findet. Technik, Industrie, Wirtschaft und Wissenschaft durchdringen sich, determinieren einander[11] und verändern die Welt *so,* daß der vom Menschen zum Zweck seines Glücks unternommene Versuch der Humanisierung der Wirklichkeit offenbar an lebensgefährliche Grenzen stößt und damit den Glauben einer progressiv machbaren Vollendung des Menschen und seiner Welt schlechthin de-

[11] Vgl. dazu *M. Horkheimer – Th. W. Adorno,* Dialektik der Aufklärung (Frankfurt 1969); *H. Marcuse,* Der eindimensionale Mensch (Neuwied – Berlin 1967);

mentiert[12]. Goethes Gedicht vom Zauberlehrling wird zum Symbol dieses Vorgangs: „Der moderne Mensch wird durch Wissenschaft und Technik zum Herrn der Naturkräfte, aber er wurde im gleichen Augenblick zum Knecht seiner eigenen Werke und Organisationen. Die Ausgeburt seines Kopfes und die Werke seiner Hände haben sich gegen ihn verselbständigt. Die Macht seines Lebens wurde übermächtig über ihn. Er hat technische und politische Prozesse freigesetzt, die ihm kraft ihrer Eigengesetzlichkeit davonlaufen. Der Herr der Natur wurde zum Knecht seiner eigenen Werke. Die Schöpfer der Technik beugen sich vor ihren Geschöpfen... Die modernen Zauberlehrlinge klagen darum: ‚Die ich rief, die Geister, werd' ich nicht mehr los.'"[13]

All das zeigt, daß es eines qualitativen Sprunges bedürfte, um die Aporien der Dialektik zu überwinden; ein „Neues" müßte kommen, das nicht nur die aufgeblähte Reproduktion des Alten wäre, damit aus Unfreiheit Freiheit werde. Aber wie ist das möglich? Wie ist Freiheit möglich unter den Bedingungen der Unfrei-

W. D. Marsch, Die Folgen der Freiheit (Gütersloh 1974); *C. Bruaire,* Die Aufgabe, Gott zu denken (Freiburg i. Br. 1973) 60ff; *H. Lenk,* Philosophie im technologischen Zeitalter, TB (Stuttgart u.a. 1971).

[12] Vgl. dazu *C. Amery,* Das Ende der Vorsehung (Reinbek 1972); *M. Schloemann,* Wachstumstod und Eschatologie (Stuttgart 1973) (Lit.). – Natürlich folgt aus diesen negativen Konsequenzen nicht, daß Humanisierung der Wirklichkeit, Planung, Mechanisierung usw. verwerflich sind, da sie Freiheit verstellen. Es gilt auch umgekehrt, daß Planung Freiheit allererst ermöglicht. „Wer die Millionen, die nackend und hungernd sterbend in den Straßen Kalkuttas liegen gesehen hat, der weiß, daß es keine furchtbarere Freiheitsberaubung gibt als Planlosigkeit. Der einzelne, der auf Grund von Planung in einem menschenwürdig geplanten Haus, in einer menschenwürdig geplanten Stadt leben darf, hat ungleich mehr Chancen für ein eigenes Leben und damit für Freiheit, als derjenige Elende, der ohne Planung gezeugt und planlos und uneingeplant fortvegetierend, auf einer sizilianischen, indischen oder südamerikanischen Straße herumliegt": *G. Anders,* Was ist Planung?, in: Modelle für eine neue Welt, hrsg. von R. Jungk – H. J. Mundt (München – Wien – Basel 1964) 50. – Aber gerade darin besteht ja die aporetische „Dialektik der Aufklärung", daß der Mensch einerseits die Welt humanisieren *muß,* daß diese Humanisierung aber anderseits „zurückschlägt", zumal da, wo sie mit totalitärem und absolutem Engagement sich als das Letzte versteht und zur letzten Heilsfrage hochstilisiert wird.

[13] *J. Moltmann,* Umkehr zur Zukunft, TB (München – Hamburg 1970) 59.

heit? Der reine Willensbeschluß zur Freiheit reicht nicht aus, die Fesseln der Vergangenheit lasten an. Bei jedem neuen Schritt nach vorn haften sie an den Fersen. Der Mensch kommt nicht los aus seiner Verlorenheit, wenn er nicht befreit wird, das heißt: wenn ihm nicht Freiheit geschenkt und ein neuer Anfang ermöglicht wird. So zeigt sich zumindest als perspektivisch richtig die Bemerkung von Bernhard Stoeckle: „Der Aufruhr und Ausbruch nach vorne, in die Zukunft, unternommen mit dem Ziel der schöpferischen Selbstbefreiung des Menschen aus dem Gefängnis einer verfehlten, despotischen Daseinsordnung, endet in der totalen Knechtschaft eines wie komfortabel auch immer gedachten Zuchthauses, des Kollektivs, in dem jegliche Freiheit, Spontaneität und jeder Wille zum Selbstsein verpönt sind und wo der Mensch als vor Gott, dem Mitmenschen und sich selbst frei verantwortliche Person erlischt." [14] Wo der Mensch seine unendliche Offenheit, seine unbegrenzte Heilssehnsucht glaubt im Machbaren und Objekthaften zu finden, verstellt er sein eigenes Wesen, da wird sein ins Offene und Freie Gestellt-Sein verdrängt.

Äußerstes Signum dieser aporetischen Situation des Menschen ist der Tod. Hier kommt seine Unfreiheit und Begrenzung endgültig zeichenhaft-unübersehbar heraus. Gerade an der Wirklichkeit des Todes wird das unendliche Glücksverlangen am radikalsten in Frage gestellt. Und selbst wenn es keinen Tod im Sinne des biologischen Erlöschens gäbe, stände die erwähnte heile Welt nicht vor der Tür, denn dann entstände tödliche Langeweile, ewige Wiederkehr des Gleichen, gähnende Einöde für das Leben in einer Welt, die als wesentlich endlich und begrenzt das unendliche Glücksverlangen des Menschen nicht und niemals stillen kann [15]. Was bleibt, ist Zynismus, den Nietzsche an den „letzten Menschen" aufzeigt: „Man ist klug und weiß alles, was geschehn ist: so hat man kein Ende zu spotten. Man zankt sich noch, aber man versöhnt sich bald – sonst verdirbt es den Magen. Man hat sein Lüstchen für den Tag und sein Lüstchen für die Nacht: aber man ehrt die Gesundheit.

[14] Erlöst? (Stuttgart 1973) 30.
[15] Vgl. *G. Greshake,* Stärker als der Tod (Mainz 1976) 54f.

‚Wir haben das Glück erfunden' – sagen die letzten Menschen und blinzeln."[16]

Wir sehen: Wo der Mensch resignativ auf das „kleine Glück" setzt *und* da, wo er trotzig das „große Glück" als Ziel seines Handelns selbst zu erreichen sucht, wird er unfrei. Nur *ein* Ziel kann und muß absolut ergriffen werden und macht doch den Menschen nicht unfrei, sondern frei: Gott, der den Menschen nicht braucht, nichts für sich von ihm verlangt und ihn zu nichts zwingt. Allein die unbedingte Unterwerfung an den unendlichen Gott erniedrigt nicht, konkurriert mit nichts, schließt keinen Wert dieser Welt, keine Weise menschlicher Selbstverwirklichung aus. Sie allein verleiht die richtige und gerechte Perspektive. „Gott läßt den Menschen frei – in aktivem Sinn von ‚lassen': Er gibt frei, er macht frei."[17] Nur dadurch also, daß Gott das Heil = das Ganzsein *schenkt,* vermag der Mensch Freiheit zu gewinnen, sich selbst zu verwirklichen, ganz Mensch zu werden. Das aber bedeutet die Rede von der *Gnade*: Den letzten Grund und Sinn seines Daseins kann der Mensch nicht selbst schaffen, sondern vermag er nur zu empfangen. Die Botschaft von der Gnade verkündet, daß menschliche Leistung vollendetes Heil nicht zu erreichen vermag, sondern daß der Mensch auf ein begegnendes, erlösendes, befreiendes Handeln Gottes angelegt ist. So kann die Einsicht in das Unvermögen des Menschen ein Ansatzpunkt dafür sein, die Botschaft von der Gnade Gottes zu verstehen und anzunehmen.

2. „Mehrwert" Liebe

Ein zweiter Zugang zum Verständnis dessen, was Gnade ist, kann von positiven Erfahrungen ausgehen: Wo wir wirklich menschlich reicher, reifer und freier geworden, wo wir an Menschlichkeit gewachsen sind, losgekommen von der Ichverkrampfung und Ent-

[16] Also sprach Zarathustra, WW II (s. o. Anm. 1) 284f.
[17] *K. Rahner,* Ist Gott noch gefragt? (Düsseldorf 1973) 48. – Die dem Zitat vorangehenden Sätze schließen sich eng an Rahner an.

fremdung, da geschah dies wesentlich nicht durch eigene autonome Leistung, sondern durch die Initiative anderer. Vor allem dadurch, daß Menschen uns angenommen haben. „Für den Menschen ist diese nochmalige Setzung seines Seins durch die Zustimmung der Liebe nichts Gleichgültiges, sondern etwas eigentlich Kreatorisches. Eine neue Schöpfung, von der der Sinn der Schöpfung abhängt. Er braucht die Setzung seiner Existenz durch Zustimmung, nur so wird er als Mensch in seinem Sein bestätigt und erfüllt. Damit der Mensch sein Ich annehmen kann, muß er irgendwann, in irgendeiner Form vom Du angenommen worden sein. Das Ich wird ohne das Du, das gutheißende Du, nicht vollends konstituiert. Die Verweigerung der Gutheißung durch das Du gibt zugleich das Ich dem Verfall preis ... Das Urverlangen des Menschen ist das Geliebtseinwollen, seine Urangst die Angst, der Liebe unwürdig zu werden, sie zu verlieren." [18] Dadurch, daß Menschen uns annehmen, wie wir sind, daß Vertrauen geschenkt wird und andere uns durch Wort und Beispiel ermutigen, werden wir erst wahrhaft frei und menschlich. Diese Lebenserfahrung nun kann nicht nur ein *Paradigma* dafür abgeben, daß der Mensch in analoger Weise der personalen Liebe Gottes (= Gnade) bedarf, um ganz Mensch und ganz frei zu werden [19] – diese Lebenserfahrung weist auch über die zwischenmenschliche Dimension auf eine

[18] *J. Ratzinger,* Vorfragen zu einer Theologie der Erlösung, in: Erlösung und Emanzipation, hrsg. von L. Scheffczyk (Freiburg i. Br. 1973) 148f. – Anders formuliert: „Die ursprüngliche Objektivität der subjektiven Freiheit, wo ihr also das Andere als ‚Gegenständiges', als ‚Begrenzendes' und ‚Bestimmendes' begegnet und wo sich in diesem rezeptiven Bestimmtwerden (‚Bejahtwerden') die spontane Selbstbestimmung (das ‚Bejahen') ganz vollzieht, liegt in ihrem Bezug zur Freiheit des anderen Subjekts.": *M. Kehl,* Kirche als Institution (Frankfurt a. M. 1976) 7. Nur als befreiendes Du ermöglicht es dem Selbst „eine positive Selbstvergegenständlichung. *Diese* Selbstvergegenständlichung stellt keine Entfremdung im Sinne Hegels dar, die der Uberwindung und Heimholung in die reine Aktualität des Vollzugs bedürfte: ist dieses Gegenübersein des anderen doch reine Aktualität des Freiseins, es-loses Dusein!": *J. Heinrichs,* Sinn und Intersubjektivität, in: ThPh 45 (1970) 178.

[19] In analoger Weise bedeutet hier: in einer die zwischenmenschliche Liebe weit überragenden Weise, die ihrerseits alle zwischenmenschliche Liebe erst begründet

solche Erwartung der Liebe = Gnade Gottes hinaus. Denn gerade da, wo im zwischenmenschlichen Bereich sich ein Ich dem Du zuwendet, ist eine Beziehung Gegenwart, die Ich und Du übergreift. Ein Anruf ist da, der „alles" verlangt, ein Verlangen nach Gegenwart, nach Hingabe, nach Vereinigung, die weit über das hinausgeht, was Ich und Du leisten und tragen können. „Die Liebe sucht den Anderen, und doch weist der Andere, gerade indem er sich ganz in die Liebe gibt, über sich selbst hinaus. Ich und Du, das heißt beiden, die sich da in der Liebe gegenüberstehen, ist mehr gegenwärtig als nur sie selbst, es ist ihnen gegenwärtig eben jenes, das sie sich lieben läßt, das ihnen diese Liebe gewährt, das sie in dieser Liebe selbst finden." [20] Anders und konkreter gesagt: In der zwischenmenschlichen Ich-Du-Beziehung zeigt sich nochmals die unendliche Offenheit, der unendliche Durst des Menschen, der durch kein endliches Du gestillt wird. Wer wirklich liebt, wird sich deshalb nicht enttäuscht auf sich zurückziehen, sondern wird gerade die in der Beziehung zum (endlichen) Partner aufleuchtende (unendliche) Liebe selbst lieben. Im „Seidenen Schuh" läßt Paul Claudel Proëza zu Rodrigo sagen: „Du wärest bald am Ende mit mir, wenn ich nicht eins wäre mit dem, der keine Grenzen kennt." Hier ist jene Erfahrung zum Ausdruck gebracht, daß eigentlich nur die grenzenlose Liebe geliebt werden kann (sonst ist man bald „am Ende"), aber diese bringt sich nur in der Begrenztheit, aber auch Offenheit und Transparenz zwischenmenschlicher Liebe zur Erfahrung. So zeigt sich, daß in aller Liebe die unendliche Liebe

und zu solcher Liebe herausfordert. Denn „der Mensch ist das Wesen, das angelegt ist, auf unbedingte Annahme und Bejahung, die er sich wesensgemäß nicht selbst geben kann, die ihm aber auch andere Menschen nicht geben können. Als unbedingt Angenommener, Bejahter und Geliebter kann und muß er aber sich und die anderen in jeder Situation und unter allen Bedingungen annehmen, bejahen und lieben. Leben aus der Gnade, also Existenz im Empfang, bedeutet also nicht Dispens vom Tun, sondern setzt dieses vielmehr frei und ermöglicht es erst": *W. Kasper,* Die Schöpfungslehre in der gegenwärtigen Diskussion, in: Konturen heutiger Theologie, hrsg. von G. Bitter und G. Müller (München 1976) 101.

[20] *U. Hommes,* Die Frage nach dem Heil, in: *Hommes – Ratzinger,* Das Heil des Menschen (München 1975) 17.

gesucht wird, die auch nur von dem, der unendlich ist, Gott, geschenkt werden kann. Solche, den Menschen erfüllende, ganz zu sich selbst bringende befreiende Liebe aber ist Gnade, ist unableitbares Geschenk, über das niemand aus sich heraus verfügt.

Aber, wird wirklich die unendliche Liebe = Gnade gesucht, ersehnt und erwartet? Versucht der Mensch nicht doch, seinen Hunger nach dem geliebten Du im Innerweltlichen zu stillen, d. h. seine unendliche Offenheit durch die Liebe zu einem Menschen erfüllt zu bekommen? Gewiß, als unendlich offenes Wesen ist der Mensch fähig, auch dem andern zu begegnen, offen zu sein für den anderen als anderen. Gerade das Du reißt mich aus der „schwitzenden" Subjektivität und der beklemmenden Enge meiner selbst heraus. Jede wirkliche menschliche Begegnung bedeutet eine Infragestellung meiner selbst: Bin ich weit genug, um den anderen als anderen gelten zu lassen? Das ist ja auch in der Doppeldeutigkeit des Wortes „freien" angedeutet. „Freien" heißt sowohl lieben als auch frei machen. „Ich freie dich", bedeutet: in der Liebe wirst du frei, frei von der Enge deines eigenen Ich und offen für den anderen. Wo aber der andere als isoliert einzelner alle Liebessehnsucht stillen soll und nicht in jener Ich und Du umgreifenden Liebe Gottes gesucht wird, kommt es – wie die Erfahrung zeigt – zu ähnlichen Aporien wie dort, wo der Mensch seine Selbstbefreiung in der Welt der Objekte sucht (S. 19f.). Denn ohne in der unbedingten Liebe Gottes Stand zu haben, sind Ich und Du unfähig, in wirklich befreiender Liebe einander zu lieben, d. h. den anderen unbedingt anzunehmen und zu bejahen und die eigene Annahme und Bejahung vom anderen zu empfangen. So ist es nur zu gut verständlich, daß bei vielen die Sehnsucht nach Liebe in zwei alternative Möglichkeiten umschlägt: in Einsamkeit oder Macht.

Einsamkeit: Sie wird geboren aus der Unfähigkeit radikaler Annahme des Einen durch den Anderen, aus der Resignation oder dem Mißtrauen, das sich in der gegenseitigen Beziehung eingestellt hat. Der Mensch zieht sich deshalb in das eigene Schneckenhaus zurück, in dem er zwar sicher ist, in dem er aber genau das verliert, was die Liebe erwirken soll: Freiheit.

Die Macht: Man beherrscht den anderen. Der andere ist nicht mehr das Du, welches das eigene Ich herausreißt aus der Enge der Subjektivität und zur Freiheit bringt, sondern der andere wird pervertiert zum Mittel, nur die eigene Subjektivität zu „zelebrieren". Man beherrscht den anderen in unzähligen Formen, um gerade so sein eigenes Ich um so unbeeinträchtigter durchsetzen zu können. Man läßt sich nichts sagen, auch nicht in Frage stellen, man reagiert gereizt, aggressiv und affirmiert so nur sich selbst, seine eigene Position; man sichert sich ab und widerspricht dem eigenen ins Offene gestellten Wesen.

Wie und wo also ist Freiheit, befreiende Liebe zu finden? Mit dieser Frage ist wiederum die Erfahrungsbasis, der anthropologische Ort der Gnadenlehre angedeutet. Gnade ist – kurz gesagt – eine Antwort auf das Unvermögen des Menschen, sich selbst zu leisten und zu vollenden. Dieses Unvermögen ist schon mit dem Menschsein als solchem gegeben. Es gehört zum Wesen des Menschen, auf die nicht planbare und nicht einklagbare Begegnung der Liebe angewiesen zu sein. Aber dieses Unvermögen des Menschen wird noch einmal dadurch verstärkt, daß der Mensch Sünder geworden, damit unfrei und sich selbst entfremdet ist. Deshalb ist die Gnade nicht nur eine Antwort auf die Frage, wie wird der Mensch wahrhaft hier und heute Mensch, wie wird er wahrhaft vollendeter Mensch (in der Zukunft), sondern auch auf die Frage: Wie wird der Mensch wirksam frei von der Vergangenheit?

Die aufgezeigten menschlichen Erfahrungen können nur einen ersten Zugang zur Gnadenwirklichkeit bieten, nicht mehr. Denn ob das unbegrenzte Drängen des Menschen nach Verwirklichung seines Menschseins de facto in einen unendlichen „Raum" einmündet oder ob es Illusion und Absurdität ist, das vermag menschliche Erfahrung nicht mehr zu entscheiden. Ob Gnade Ereignis wird, ob der Mensch wirklich zum vollendeten Menschsein befreit wird, das läßt sich nicht erdenken oder spekulativ errechnen, das muß Ereignis werden. Deshalb sind wir verwiesen auf die Ur-Kunde des Glaubens und die Glaubensgeschichte, um zu erfahren, was es mit der Gnade Gottes auf sich hat.

Drittes Kapitel

Die Ur-Kunde der Gnade

Wollte man all das, was uns die Schrift zum Thema Gnade bezeugt, auch nur annähernd erschöpfend behandeln, käme man an kein Ende. Denn es geht ja nicht allein um das *Wort* Gnade (hebr. chesed, grch. charis), dessen biblische Stellenangaben und kontextualen Sinn man erheben kann[1], sondern es geht um die *Wirklichkeit* der Gnade, die auch dort gemeint ist, wo das Wort selbst nicht vorkommt. Statt vieler Einzelbelege soll darum im folgenden nur auf einige wesentliche biblische Grundlinien hingewiesen werden.

1. Altes Testament

Im Mittelpunkt der alttestamentlichen Überlieferung steht der Erwählungs- und Bundesgedanke: Immer wieder bietet Gott in souveräner Freiheit, ohne Voraussetzung seitens des erwählten Bundespartners, diesem seine Freundschaft und Hilfe an, gibt ihm die Verheißung einer heilvollen Zukunft und begleitet ihn auf dem Weg dorthin. Dabei bleibt Gott dem Menschen treu, auch wenn dieser untreu wird. Schuld wird immer aufs Neue vergeben, je neu ein Anfang geschenkt, aufs Neue die Heilsverheißungen bestätigt. In der Offenbarung des Gottesnamens Jahwe an den Menschen

[1] Vgl. dazu z. B. den Artikel Charis, in: ThWNT, sowie die Zusammenstellung in MySal IV, 2, 599–635.

proklamiert Gott sich selbst als Gott der Menschen, als der, der helfend, rettend „da“ ist, aber so, daß sein Da-Sein personal und ereignishaft ist; vom Menschen her kann es nicht dingfest gemacht werden; Gott bleibt auch in seiner Liebe frei[2]. „Ich euer Gott, ihr mein Volk“ – die Selbsthingabe Gottes an den Menschen ist die Quintessenz schon des Alten Testaments.

All das wird nicht in dürren abstrakten Lehrsätzen verkündet; sondern in den großen geschichtlichen Machttaten, die von Generation zu Generation weitererzählt werden und schließlich in den alttestamentlichen Schriften ihren Niederschlag gefunden haben, *erweist sich* Gott als der *Freie,* der dem Menschen Freiheit schenkt, als die *Liebe,* die die Nähe des Menschen sucht, als *Grund und Ziel* aller Wirklichkeit, der den Menschen auf den Weg zu sich setzt. Gerade die Kontingenz der Geschichte, d.h. das Unableitbare, ja „Zufällige“ der geschichtlichen Ereignisse und nicht ein wesenhaft-notwendiges „Immer-schon-Gegebensein“ zeigt die Freiheit Gottes und seiner Gnade an. So verkündet das Alte Testament auf unzählige Weisen, daß Gott sich gegenüber dem Menschen zutiefst als „gnädig“ erweist, nämlich als der, der sich in Freiheit und Liebe des Menschen annimmt. Gottes Verhalten ist schlechthin „Gnade“.

2. Neues Testament

Ähnliches ist vom Neuen Testament zu sagen. Auch hier wäre es verkürzt, allein auf das Vorkommen des Wortes Gnade zu schauen. Es gilt, die zentralen Aussagen des Neuen Testamentes, die das Verhalten Gottes zum Menschen kennzeichnen, in den Blick zu nehmen.

[2] Das ist der Sinn des sogenannten paronomastischen Relativsatzes „Ich werde da sein, *als der ich da sein werde*“. Dieser fügt „dem Vordersatz zweifellos ein Moment des Unbestimmten und doch wohl auch Geheimnisvollen hinzu, so daß die Zusage von Jahwes wirksamer Gegenwärtigkeit zugleich in einer gewissen Schwebe und Unbegreiflichkeit bleibt; es ist Jahwes Freiheit, die sich nicht im einzelnen festlegt“: *G. von Rad,* Theologie des Alten Testaments I (München [4]1962) 194.

Im Neuen Testament wird der alttestamentliche Bundesgedanke verschärft durch die Botschaft Jesu vom kommenden Reich Gottes: Ohne Vorbedingung von seiten des Menschen, wie es die Pharisäer meinten, kommt Gott auf den Menschen zu, nimmt ihn an, vergibt alle Schuld und schenkt Hoffnung auf engste Gemeinschaft mit Gott. Nicht menschliche Leistung, sei es auch die frömmste und religiöseste, bestimmt für Jesus das Gottesverhältnis des Menschen, sondern das bedingungslose gütige Handeln Gottes am Menschen. Darum kann Paulus später Gnade auslegen in schärfstem Gegensatz zum „Gesetz", d.h. zu jenem Anspruch, unter dem der Mensch sich selbst leisten will. Paulus greift damit einen Grundzug der Verkündigung Jesu auf: Für diesen ist gerade das Kind Realsymbol des Menschen, der sich von der Gottesherrschaft treffen läßt. Entsprechend sind zumal die Menschen, von denen nach menschlichen Maßstäben nichts mehr zu erwarten ist: die Sünder, Betrüger, Armen, Einsamen und unheilbar Kranken die bevorzugten Adressaten des Wortes und Wirkens Jesu.

Das Reich Gottes, das Kommen Gottes in diese Welt, das Jesus verkündet, betrifft das Ganze der Welt in ihren inneren und äußeren Dimensionen. Die *inneren* Dimensionen: Sündenvergebung wird zugesagt und universale Hoffnung freigemacht. Indem Gott den Menschen annimmt, wird dieser innerlich befreit von den versklavenden Zwängen der Sorge, Angst und Selbstsucht und zur Liebe befähigt. Die *äußeren* Dimensionen: An Jesus wird deutlich, daß da, wo Gott auf die Welt zukommt, der Legalismus zerbricht; die angemaßten Autoritäten werden entlarvt, die traditionellen Verhaltensweisen der Gesellschaft in Frage gestellt zugunsten einer brüderlichen Gemeinschaft von Menschen, die, von Gott angenommen, zu gegenseitiger Liebe befähigt sind. „Wunder" lassen als Hoffnungszeichen kommendes Heil in der Welt aufblitzen.

Das Reich Gottes ist *jetzt schon* da, d. h., die Gnade der Erlösung, Sinnerfüllung und Freiheit des Menschen hebt jetzt schon fragmentarisch an, wo Menschen sich auf Jesus, seine Botschaft und seinen Weg einlassen. Die fundamentale Gnade ist also Jesus selbst, der uns „von außen" durch seine Botschaft und das Modell seines Lebens und „von innen" durch seinen Geist befähigt, in seinen Weg einzutreten und darin Erfüllung unseres Menschseins jetzt schon ansatzweise zu finden. Die Basileia ist jedoch jetzt auch noch *Zukunft*. Zwar ist in der Auferstehung Jesu Gottes Herrschaft angebrochen, d. h., in diesem einen Menschen hat Gott sich ganz durchgesetzt. Er ist erhöht „zur Rechten Gottes". Aber er ist (nur) der Erste. In ihm allein sind Tod, Sünde und böse Macht endgültig besiegt. Für uns steht das, was in Christus geschehen ist, noch als verbürgte Zukunft aus, auch wenn diese bereits in unsere Gegenwart hineinragt durch das „Angeld des Geistes", das uns gegeben ist: In diesem Geist dürfen wir jetzt schon zu Gott „Vater" sagen und „Sohn im Sohne" sein; durch ihn sind wir befähigt zu einem Leben in der Nachfolge Jesu, in ihm haben wir die Möglichkeit der Liebe. Aber der endgültige Sieg, die endgültige Vollendung steht für uns noch aus. Wir sind noch unterwegs zu jenem Ziel, das in Christus schon erreicht ist, daß nämlich die Menschheit bei Gott und Gott ganz beim Menschen ankommt, daß Gott sich ganz dem Menschen mitteilt und deswegen der Mensch die Erfüllung seiner tiefsten Sehnsucht bei Gott findet: Das Geschöpf wird über sich hinausgehoben, zur engsten Gemeinschaft mit Gott (Joh 11,23; 1 Joh 3,3) und nimmt teil an Gottes Leben (2 Petr 1,4).

Für dieses endgültige Ziel der Begnadung des Menschen ist Jesus Christus die Antizipation und der Garant; zwar erfahren wir die Gnade bereits ansatzhaft, sind aber in Hoffnung noch zu ihrer Vollendung unterwegs. Gnade besteht somit fundamental auch in der Kraft des Durchhaltens, der Hoffnung, der Geduld, in der Befähigung zu einem Leben nach dem Vorbild Christi.

Das Reich Gottes ist ganz und zuerst Gnade Gottes, reine *Gabe*. Andererseits aber fordert sie als *Aufgabe* die mitwirkende Reaktion des Menschen heraus (Umkehr, Glaube, Nachfolge). Weil dieses reagierende Handeln des Menschen nicht menschlicher Autonomie entstammt, sondern durch die zuvorkommende Gabe des Kommens Gottes ermöglicht ist, ist die befreiende „Praxis" des Menschen im Andringen der Basileia selbst eine Erscheinungsform der Gnade. Wo Gott den Menschen in ein neues Verhältnis zu Sich gesetzt hat, beginnt in diesem eine neue Dynamik und Weise menschlichen Selbstvollzugs. Konkret: Wie die Sünde als Desintegration zwischen Gott und Mensch zur Desintegration in der Menschheit selbst führte, so hat auch die Versöhnung mit Gott ein neues versöhntes Verhältnis der Menschen untereinander zur Folge. Wie die Sünde gegen Gott zur Unfreiheit und Knechtung der Menschen untereinander führte, so ist durch die Erlösungsgnade dem Menschen neue Freiheit zum Handeln der Liebe geschenkt. Wo der Mensch mit sich und mit Gott versöhnt ist, wo er den Geist Jesu empfangen hat und auf den Weg Jesu gestellt ist, da fällt darum jetzt schon auf die gesamte Welt ein neues Licht, das Licht der Versöhnung, der Gerechtigkeit, der Liebe und des Friedens.

Die Grundbotschaft des Neuen Testamentes sagt also in Überbietung des Alten Testamentes, daß Gott in Jesus Christus in freier unverfügbarer Liebe am Menschen gehandelt hat und weiter handelt, daß er ihn von seiner sündigen Vergangenheit frei macht und zur eigentlichen Bestimmung führt, zu einer Bestimmung, die all sein Sehnen, Erwarten und Hoffen weit übersteigt. So ist das ganze Christentum wesentlich „Gnade", das heißt: alles Erdenkbare und Unausdenkbare wird dem Menschen von Gott her in freier Güte geschenkt.

So gibt es weder im Alten Testament noch im Neuen Testament eine *spezifische* Gnadenlehre, unterschieden von anderen Glaubenslehren. In gewisser Weise kann man sagen: Alles ist Gnade. Alles Handeln Gottes zielt darauf ab, den Menschen frei zu machen und zwar in jenem doppelten Sinn von Freiheit: Freiheit von der sündigen Vergangenheit und Freiheit zur letzten Erfüllung.

3. Bedeutung geschichtlicher Entfaltung

Dieser Grundsachverhalt der Heiligen Schrift wird nun in der Geschichte der Kirche, genauer in der Frömmigkeits- und Theologiegeschichte, auf vielfältige und verschiedene Weise ausgelegt. Dabei ist die geschichtliche Vielförmigkeit nicht nur eine ständige Variation des in der Heiligen Schrift normativ niedergelegten Urglaubens der Kirche, in der Geschichte wird dieses Gesetz des Anfangs auch entfaltet, auf verschiedene Probleme und Situationen hin ausgelegt, unter verschiedenen Denkformen und Horizonten gesehen, so daß das in der Schrift Gemeinte deutlicher und klarer hervortreten und seine eigentliche Bedeutung erweisen kann[3]. Freilich ist auch das andere möglich: Geschichte kann ebenso Geschichte des Vergessens, des Mißverstehens, des falschen Weges sein. Was ganz allgemein gilt, das ist auch für die in ihrem tiefsten Wesen vom Geist geführte Kirche nicht ausgeschlossen. Auch sie steht unter dem Gesetz der Geschichte und hat nicht für alles und jedes, was sich in ihr ereignet, die Garantie des Geistes. Darum ist der Blick auf die Geschichte von großer Bedeutung, wenn es darum geht, den Glauben für heute zu verstehen. Denn einmal gilt es, die Vergangenheit als „tragenden Grund des Geschehens, in dem das Gegenwärtige wurzelt", zu verstehen und „den Abstand der Zeit als eine positive und produktive Möglichkeit des Verstehens zu erkennen,... ausgefüllt durch die Kontinuität des Herkommens und der Tradition"[4]. Auf der anderen Seite aber gilt es auch, „Brüche" im Traditionskontinuum zu erkennen, zu verstehen, wo die Tradition Wege gegangen ist, die quer zum „Gesetz des Anfangs" stehen, zu einem Gesetz, das zu allen Zeiten, somit auch heute je neu einzuholen ist.

Aus diesem Grund soll im folgenden die weitere Entwicklung der Gnadenlehre in Form eines kurzen geschichtlichen Überblicks gegeben werden, der dazu dienen soll, die verschiedenen Dimensionen dessen, was Gnade ist, zu verstehen und uns heute anzuleiten, angemessen von der Gnade Gottes zu sprechen.

[3] Vgl. Joh 16,13.

[4] *H.-G. Gadamer,* Wahrheit und Methode (Tübingen ²1965) 281.

Viertes Kapitel

Geschichtliche Stationen des Gnadenverständnisses

1. Gnade als universaler Heilsprozeß

(Griechische Patristik)

Wie wir gesehen haben, versteht die Heilige Schrift das ganze Handeln Gottes am Menschen als „Gnade". Dieser Grundsachverhalt ging in die frühe christliche Theologie ein und hielt sich vor allem in der Theologie des Ostens durch. Hier gibt es nicht, jedenfalls nicht so wie im Westen, eine Differenz zwischen Natur und Gnade, Schöpfung und Erlösung; und erst recht kennt man keine besondere geschaffene Wirklichkeit „Gnade". Auch verschiedene Gnadenarten, wie sie später in die westliche theologische Reflexion Eingang fanden, sind hier unbekannt. Ganz im Gefolge der Heiligen Schrift bezeichnet für die frühe Theologie des Ostens „Gnade" die Art und Weise, wie Gott mit und an der Welt heilvoll handelt. Darum kann das Wort Gnade auf das ganze Christentum, auf den ganzen christlichen Glauben oder auf bestimmte Kristallisationspunkte des Glaubens angewandt werden, so z. B. auf Taufe, Sündenvergebung, kirchliches Leben, selige Vollendung[1]. Bei der genauen Bestimmung, *wie* die Theologie des Ostens das ganze Heilsgeschehen als Begnadung des Menschen verstand und sich plausibel machte, stoßen wir freilich auf einige besondere Momente[2].

[1] Vgl. dazu *G. Moussy*, Gratia et sa famille (Paris 1966).

[2] Das folgende ist ausführlicher dargestellt in *G. Greshake*, Gnade als konkrete

1. Die östliche Theologie setzt für das Verständnis von Gnade bei der biblischen Bestimmung des Menschen als Bild Gottes an. „Der Mensch – Bild Gottes“ ist die Grunddefinition des Menschen und der Ansatz zum Verständnis des Heilswirkens Gottes. Aber dieses Bild-Gottes-Sein ist von Schöpfung her nur anfanghaft gegeben und – vor allem! – durch die Sünde verstellt, überdeckt, korrumpiert. Für die griechische Patristik zielt nun das ganze Heilshandeln Gottes darauf ab, das Bild Gottes, das der Mensch schon ist, von der Korruption der Sünde zu befreien und zu größerer, ja höchstmöglicher Gottähnlichkeit zu gestalten, genauer: in einem erzieherischen Prozeß herauszubilden. Dieses Grundverständnis findet sich schon bei einer Reihe von Apostolischen Vätern sowie bei Irenäus von Lyon, dann weiter bei den großen Alexandrinern, Kappadoziern und Antiochenern. Sie alle verstehen – auf verschiedene Weise – die ganze Geschichte von Schöpfung an als einen großen aufwärtssteigenden pädagogischen Prozeß, in welchem Gott durch geschichtliche Ereignisse, die in der Offenbarung seines Sohnes im Fleisch aufgipfeln, das durch die Sünde verunstaltete und gleichsam stagnierende Bild Gottes im Menschen wiederherstellt und es zur höheren Freiheit und größeren Gottähnlichkeit führt. Alles, was in der Heilsgeschichte geschieht, zielt darauf ab, den Menschen zu erziehen. Deswegen muß z.B. nach Irenäus Jesus in alle menschlichen Altersstufen eingehen, von der Kindheit an bis zum reifen Mannesalter, um alle Altersstufen zu heiligen und in ihnen sein Beispiel für uns aufzurichten. In jedem Bereich will Christus unser Lehrer sein, damit wir ihn nachahmen können. So bedeutet Begnadigung für Irenäus wesentlich erzieherische Vermittlung wahrer Erkenntnis, rechter Vorbildlichkeit, Aufrichtung eines Beispiels, das zur Nachahmung herausfordert. Aber nicht nur in Jesus Christus, überall handelt Gott (oder auch der göttliche Logos) durch die ganze Geschichte erzieherisch am Menschen: Der Logos durchwirkt alles, den Ma-

Freiheit (Mainz 1972) 173ff; *ders.*, Der Wandel der Erlösungsvorstellungen in der Theologiegeschichte, in: Erlösung und Emanzipation, hrsg. von L. Scheffzcyk, (Freiburg i.Br. 1973) 72ff.

krokosmos: Geschichte und Welt, und den Mikrokosmos: die menschliche Natur, ihre Veranlagung und Begabung. Jesus Christus ist der Höhe-, aber nicht der Endpunkt dieser erzieherischen Tätigkeit Gottes; denn die göttliche Pädagogie geht weiter durch das Wirken des Geistes und durch die Kirche.

2. In diesem erzieherischen Prozeß ist Gott (der göttliche Logos) das eigentlich handelnde Subjekt. Gott setzt seinen Erziehungsplan mit dem Menschen unweigerlich durch. Aber die Weise der göttlichen Erziehung besteht in der Umwerbung menschlicher Freiheit. Der Mensch soll frei sein Ja zur höheren Freiheit in Christus sagen. Darum wird in den Erlösungsentwürfen der griechischen Patristik die Freiheit des Menschen nachdrücklich herausgestellt. Wenn Gott werbend und erziehend an die Freiheit des Menschen herantritt, ist es wie beim akustischen Phänomen der Resonanz: Ein Gegenstand beginnt mitzuschwingen, wo ein Ton seiner Wellenlänge auf ihn trifft. So wird auch das Bild Gottes im Menschen, das durch die Sünde überdeckt und ineffizient geworden ist, gleichsam neu erweckt, wenn der erzieherische Logos als Ur- und Vorbild des wahren Humanum an den Menschen herantritt und ihn zur Nachfolge und Nachahmung aufruft. Weil die menschliche Freiheit, jene Auszeichnung des Bild-Gottes-Seins, durchstimmt ist vom allumfassenden Wirken Gottes, ist Freiheit keine neutrale Fähigkeit zur Willkür, keine tabula rasa, die sich autonom selbst bestimmt, sondern Freiheit hat von Schöpfung her eine ständige Schwerkraft auf das Ziel des Menschen hin, Gott ähnlich zu werden. Wenn also Gott erzieherisch an die Freiheit des Menschen herantritt, so folgt diese ihrer eigenen Schwerkraft, wenn sie sich auf die Pädagogie Gottes einläßt. Gott befreit so durch seine Erziehung den Menschen zu sich selbst.

3. Ziel des erzieherischen Heilsprozesses ist die „Vergöttlichung“ des Menschen. Seit Ignatius von Antiochien finden wir dies als Grundidee östlicher Heilslehre: Gott wird Mensch, damit der Mensch Gott werde. Dieser Satz ist außerordentlich mißverständlich, und er wird bis heute vielfach mißverstanden. So bemerkte noch jüngst Hans Küng in seinem Werk „Christ sein“:

„Will aber *heute* noch ein vernünftiger Mensch Gott werden? Damals zündende patristische Parolen, wie: ‚Gott ist Mensch geworden, damit der Mensch Gott werde' stoßen heute auf beinahe völliges Unverständnis ... Unser Problem heute ist nicht sosehr die Vergöttlichung, sondern die *Vermenschlichung des Menschen*."[3] Solche Bemerkungen zeigen aber nur das Fehlverständnis der Theologen. Denn mit der Idee der Vergöttlichung des Menschen ist keineswegs gemeint, daß der Mensch je aus seiner typischen Conditio humana aussteigt, daß er sein Menschsein ablegt, um göttlich zu werden. Zum richtigen Begriff der Formel ist vielmehr auszugehen von jenem fundamentalen Sachverhalt, daß im Menschen eine unendliche Sehnsucht ist, ein unendliches Heilsverlangen, eine unendliche Offenheit, die nur in dem Maße gestillt wird, als der Mensch an der Unendlichkeit Gottes teilhat. Oder anders gesagt: Wenn der Mensch dadurch definiert ist, daß er Bild Gottes ist, daß er also wesenhaft an der Wirklichkeit Gottes partizipiert, dann ist der Mensch um so mehr Mensch, als er Gott näherkommt. Moderner ausgedrückt: Wenn der Mensch nur definiert werden kann als derjenige, der auf Gott verwiesen ist und der nur in Gott letztlich die Erfüllung seiner Seinsdynamik findet, so gelangt der Mensch um so mehr zur eigenen menschlichen Identität, als er zu Gott findet und ihm ähnlich wird. Eben dies meinen die griechischen Väter, wenn sie sagen, daß der Mensch durch das erzieherische Heils- und Erlösungshandeln Gottes vergöttlicht wird. Vergöttlichung bedeutet: die Dynamik des Menschen kommt an ihr Ziel. Bei Gott erst wird der Mensch ganz Mensch sein.

4. Dieses Verständnis des christlichen Heilsprozesses, wie ihn die griechische Theologie entwickelt hat, stellt sich im Grunde als der Versuch dar, Christentum und griechische Bildung miteinander zu vermitteln[4]. Denn mindestens seit Platon ist das griechische

[3] Christ sein (München-Zürich 1974) 433.

[4] Vgl. dazu *Greshake*, Gnade (s.o. Anm. 2) 158ff (Lit.); *ders.*, Wandel der Erlösungsvorstellungen (s.o. Anm. 2) 76ff (Lit.).

Denken wesentlich bestimmt von der Idee der *Paideia* (Erziehung), nämlich von der Frage: Wie muß die Erziehung des Menschen konzipiert werden, damit der ungeformte Mensch zu seinem eigentlichen Sein, zum wahren Menschsein und zur wahren Freiheit gelangt? Die Antwort, die die griechische Philosophie seit Platon auf diese Frage gab, war: Dem Menschen muß das wahre paradeigma, d.h. das wahre Vor- und Urbild seiner selbst vorgehalten werden, damit er es, danach strebend, in seinem Leben verwirklichen kann und so – gleichsam durch „Rückwärts"-Strebung des Abbildes zum Urbild – Teilhabe (methexis) an jenem erhält. Die griechische Patristik greift diese philosophischen Grundideen auf und verdeutlicht darin die christlichen Glaubensaussagen[5]. Indem für das Christentum nun im erzieherischen Handeln Gottes durch den Logos dem Menschen das wahre Vor- und Urbild vorgehalten wird, wird der Mensch aus seiner Sündenverfallenheit aufgeweckt, befreit und auf den Weg der Verähnlichung mit Gott gesetzt. So gibt es für den christlichen Glauben nur eine wahre Paideia: die Paideia Christi.

Von daher gesehen ist es einleuchtend, daß es in der frühen griechischen Theologie im Grunde keine besondere Gnadenlehre gibt, vielmehr wird das ganze Heilshandeln Gottes als Gnade verstanden: Gott führt den Menschen durch seine Erziehung zur Vollendung. Dieses erzieherische Handeln wird als ein universaler kosmischer Prozeß verstanden, der Schöpfung und Erlösung, Natur und Geschichte, die ganze Menschheit und den Einzelnen einbegreift. In diesem Prozeß hat Gott die Initiative, der Mensch aber hat mit seiner Freiheit zu antworten.

Von dieser Konzeption hebt sich deutlich das Gnadenverständnis der Westkirche ab, das im Abendland bis heute zu einer unterschiedlichen Gnadenlehre führte.

[5] Gleichzeitig korrigiert sie diese. Vgl. dazu *Greshake,* Wandel 82f.

2. Gnade als heilende und befreiende Kraft
(Westliche Patristik)

a) Der Unterschied zwischen griechischem und römischem Denken

Das westliche Christentum stand von Anfang an in einem anderen soziokulturellen Kontext als das östliche. Die Griechen nahmen eher den Kosmos als ein einheitlich-harmonisches Ganzes in den Blick. Sie betonten das Denken der Idee, die Schau der geistigen Gestalt und waren dabei immer in Gefahr, das konkret Stoffliche hinter sich zu lassen und das konkret einzelne – durch Reflexion und Ästhetik – in das Ganze aufzuheben. Dagegen war der Lateiner mehr den praktischen Fragen der konkreten Lebensführung und der politisch-rechtlichen Gestaltung des Gemeinwesens zugewandt. Ein anschauliches Beispiel für diese unterschiedliche Sicht der Wirklichkeit bietet die griechische und römische Plastik: Die griechische Plastik zeigt das Idealbild „des" Menschen, der Lateiner dagegen schafft ein bestimmtes Individuum.

Weil es dem Lateiner eher um konkrete Praxis ging, stand im Westen gegenüber dem Osten in viel höherem Maße die Realisierung und Anwendung des Idealen und damit der einzelne, das Willensmäßige, die Frage nach Verantwortung, Schuld und Lohn im Mittelpunkt des Interesses. Das führte dazu, daß das westliche Christentum von Anfang an auch theologisch die Akzente anders setzte als das griechische. Im Osten war die innere Formung des Glaubens zu einem großen Teil durch die platonisch-platonisierende Philosophie erfolgt; dagegen spielte im Westen die Bestimmung der Theologie durch Rechtskategorien eine entscheidende Rolle. Das Christentum wurde im Westen nicht so sehr als die neue Paideia verstanden, und die Erlösung wurde nicht als eine Art kosmischen Prozesses göttlicher Pädagogie begriffen, sondern das Christentum stellte sich dar als die *Religion des göttlichen Rechts,* das heißt als Begründung und Verwirklichung einer neuen rechtlichen Beziehung zwischen Gott und Mensch. Darum legte die Theologie des Westens ein besonderes Gewicht auf den einzelnen, auf dessen Schuld, Verantwortung und Freiheit. Deswegen ist nicht mehr, wie im Osten, Anschauungsbild für das Heilsgeschehen der *universale Prozeß* göttlicher Erziehung, sondern das Heilsgeschehen wird sehr viel mehr vom *einzelnen* und dessen Bedürfnis her gesehen. Gefragt wird: Wie findet der individuell einzelne, der kraft seiner Freiheit und seines Selbstandes sich seine *eigene* Geschichte erwirken kann, die Vollendung dieser seiner Geschichte, wie findet er zum Heil? Also nicht mehr der *kosmische Prozeß,* der den einzelnen gleichsam mitreißt und dabei auch die persönliche Freiheit durchdringt und durchstimmt, ist Ausgangspunkt für das Heilsverständnis: man geht vom *einzelnen* aus und fragt, wie dieser in seiner persönlichen Freiheit zum Heil findet. Wird so gefragt, dann kann die Antwort nicht mehr, wie bei den griechischen Vätern, gegeben werden im Blick auf den universalen pädagogischen Prozeß Gottes, sondern dann ist eine neue Antwort erforderlich. Und diese neue Antwort heißt im Westen: Der einzelne wird *mit Hilfe* der Gnade, als einer besonderen göttlichen Kraft, die durch Christus vermittelt wird, zum Heil geführt. Er wird befreit von der Sünde und befähigt zum Ausschreiten auf sein eigentliches Ziel. Jetzt gilt nicht mehr: *Alles* ist Gnade, sondern Gnade ist etwas, das dem freien selbständigen Individuum, dem Einzelnen, der in seinem Selbstand ansichtig geworden ist, hinzugegeben werden muß, damit dieser wahrhaft frei wird – und zwar im doppelten Sinn: Befreiung von der Sünde und Freiheit zur Vollendung seiner selbst. War also bei den Griechen „Gnade“ die Art und Weise allen göttlichen Handelns, eine Eigenschaft Gottes und mithin primär eine *theologische* Größe (die göttliche Huld), so wird jetzt Gnade von einer *anthropologischen* Problematik her entworfen, nämlich von der Frage her: Wie kann der Mensch zur Freiheit kommen, welche Bedingungen müssen in ihm erfüllt sein, damit er frei werde? Gnade wird so im Westen zu einer anthropologischen Größe, zu etwas am und im Menschen.

Dieses Gnadenverständnis wird vollends in der Auseinandersetzung zwischen Augustinus und dem sogenannten Pelagianismus entfaltet.

b) Augustinus im Kampf gegen Pelagius

An der Biographie Augustins wird das Neue und Spezifische der westlichen Problematik handgreiflich deutlich. Wie es vor allem die „Confessiones“ zeigen, wird der westliche Mensch sich in einem gegenüber dem Osten unvergleichlich-einzigartigen Maß seiner Subjektivität, d.h. seiner Individualität, Freiheit, Eigenverantwortlichkeit, aber auch seiner Einsamkeit, Hilflosigkeit und Gebrochenheit bewußt. Walther von Loewenich bemerkt zu Recht: bei Augustin „lernt das Ich sprechen“. Eine neue „Ich“-Erfahrung kommt bei Augustin zu Wort, die sich zumindest in dieser Intensität früher nicht so artikulierte. Dabei war diese Erfahrung wohl nicht nur Ausdruck der Individualität Augustins, sie entsprach auch dem Erfahrungshorizont des westlich-abendländischen Menschen, da die Artikulation und der Horizont jener Erfahrung, die Augustin in seinem persönlichen Leben gemacht hatte, die westliche Welt nachhaltig prägte und seitdem von unzähligen Menschen nachvollzogen wurde.

Wie sieht diese neue Erfahrung Augustins genauer aus:

(1) Augustin entdeckt in einer bis dahin unerhörten Weise die personalen Dimensionen menschlichen Seins, das gekennzeichnet ist durch Einmaligkeit und Einzigartigkeit, durch den Primat des Willens und der Freiheit und durch die Erfahrung, Gott unmittelbar ausgesetzt zu sein. Während der Mensch des Ostens sich eher als ein Teil innerhalb des größeren Ganzen dem Kosmos eingefügt verstand und sich so auch innerhalb eines umfassenden heilsgeschichtlichen Prozesses[6] als begnadet und zum Heil geführt erfuhr, versteht sich Augustin aus diesem kosmischen Eingeordnet- und Umgriffensein gelöst und als Person vor den personalen Gott gestellt. Da, wo der Mensch bei sich einkehrt und sich auf sich selbst zurückbezieht, findet er sich als Ich vor das Du Gottes bezogen.

[6] Dieser universale heilsgeschichtliche Prozeß bildet dabei im Grunde ein ontologisches Geschehen ab, nämlich die „Rückwärts“-Strebung des Abbilds (Schöpfung) zum Ur-Bild (Gott). Vgl. dazu S. 38 und *E. von Ivánka,* Plato Christianus (Einsiedeln 1964) 106f.

Dieses Gott-Ich-Verhältnis ist der entscheidende Ansatz[7] für das Denken Augustins. Darum kann Augustin sagen: „Deum et animam scire cupio, nihil plus, nihil omnino" – „Gott und die Seele möchte ich kennenlernen, nichts mehr, überhaupt nichts mehr". Denn hier, in der Erfahrung dieser Ich-Du-Beziehung ist alles mitgegeben. Die Wirklichkeit wird – nach den Worten Gerhard Hubers[8] – „gleichsam aus dem Horizonte der Seele gedeutet".

(2) Wenn der Mensch aber bei sich selbst einkehrt, entdeckt er nach Augustin nicht zunächst das Du Gottes, sondern seine radikale Unfreiheit, seine Versklavung an sich selbst. Er erfährt sich als in sich selbst in zwei widerstrebende Willensbewegungen zerrissen und damit als zutiefst zerbrochen und ohnmächtig. „Unser Herz ist nicht in unserer Gewalt", ruft Augustin aus[9]. Darum gibt es für ihn auch keine menschliche Freiheit, die unter dem erzieherischen Handeln Gottes mitwirken kann. Die von der Sünde infizierte Natur des Menschen ist nicht mehr ständig von Gott zum Guten durchwirkt, sondern Gottes Wirken am Menschen muß allererst in die Ohnmacht der Subjektivität eindringen und diese von Grund auf erneuern. Viel schärfer als die Theologie vorher entdeckt darum Augustin die Sünde und die Verfallenheit des Menschen an das Böse.

(3) Darum ist für Augustin die eigentliche Gestalt der göttlichen Gnade nicht mehr der universale, Schöpfung und Erlösung einbegreifende Heilsprozeß, in dem der Mensch als (unvollkommenes) Bild Gottes durch den „Logos" – aufgipfelnd in Jesus Christus, seiner Lehre und seinem Beispiel, das in der Kirche weitervermittelt wird – von Stufe zu Stufe hinaufgeführt wird. Die

[7] „Ansatz" heißt nicht „exklusives Thema". Gerade der Christ und Bischof Augustin entdeckt ganz neue Dimensionen der Wirklichkeit: die christologischen und ekklesialen. Dennoch bleibt auch deren Verständnis vom Grundansatz des Denkens her „infiziert". Vgl. dazu *Greshake,* Gnade (s.o. Anm. 2) 198–274.

[8] Das Sein und das Absolute (Basel 1955) 154. – Ähnlich *W. Windelband,* Lehrbuch der Geschichte der Philosophie (Tübingen ^{24}1948) 232f, der gerade in der „Metaphysik der inneren Erfahrung" das gegenüber dem griechischen Denken Neue Augustins sieht.

[9] De dono persever. XIII, 33 (= ALG VII, 380).

wahre, dem Menschen notwendige Gnade kann für Augustin nichts „Äußeres" sein, sondern der Mensch bedarf einer inneren unsichtbaren Kraft, die ihm in der Tiefe seines Selbst die wahre Freiheit – und das heißt die wahre Liebe – schenkt. Wie der Mensch als Sünder eine Schwerkraft zum Bösen hat, so muß ihm durch die Gnade eine neue Schwerkraft ins Herz gegeben werden, direkt, unmittelbar, geheimnisvoll, damit er Freiheit finden und heil werden kann. Alles Äußere, auch die heilsgeschichtlichen Ereignisse, auch das Beispiel Jesu, haben für Augustin nicht jene Kraft, deren der Mensch bedarf, um ein anderer zu werden. Denn aus sich heraus vermag menschliche Freiheit nicht der Beispielhaftigkeit und Urbildlichkeit Jesu zu folgen; auch sie ist „tötender Buchstabe", wenn nicht die menschliche Freiheit allererst durch den Geist Gottes wiederhergestellt wird. Darum formuliert Augustin in den Confessiones: „Du Herr, Du wandelst mich ... zu mir selbst herum, Du holtest hinter meinem Rücken mich hervor, wo ich mich eingerichtet hatte."[10] In diesem Zitat wird deutlich, wie nach Augustin das Wirken Gottes verstanden werden muß: direkt, unmittelbar, in die Subjektivität des Menschen eindringend („hinter seinem eigenen Rücken"), und diese durch und durch umwandelnd.

Daraus folgt dann aber auch: Es gibt keine Freiheit des Menschen *angesichts* der Gnade, sondern die Gnade hat die alleinige totale und radikale Initiative. Sie muß allererst Freiheit schenken, bevor der Mensch unter der Gnade mitwirken kann. So versteht Augustin den Menschen als reine Rezeptivität und radikale Angewiesenheit auf ein personales, in der Tiefe der Seele sich abspielendes Gnadenhandeln Gottes, das der Mensch nur als reines Geschenk annehmen kann. 1 Kor 4,7: „Was hast du, was du nicht empfangen hast?" wird zu einem der von Augustin bevorzugtesten Schriftverse. In seinen Retractationen bemerkt er einmal, daß er sich lange herumgequält habe mit der Frage, was die Freiheit des Menschen auszurichten vermöchte und was die Gnade Gottes?

[10] Confess. VIII, 7,16 (= ed. Bernhart 392).

Das Ergebnis dieser Bemühungen ist in jenem berühmten Satz zusammengefaßt: „Zur Lösung dieser Frage habe ich mich zwar *für* die Freiheit des menschlichen Willens abgemüht, gesiegt aber hat Gottes Gnade.“ [11]

In dieser Formulierung tritt bereits ein Element deutlich zutage, das hinfort die Gnadenlehre der Westkirche bis in die jüngste Zeit hinein prägen wird: *Gottes Gnade und menschliche Freiheit werden als konkurrierende Ursachen bestimmt.* Je größer die Gnade Gottes, um so geringer die menschliche Freiheit, und umgekehrt. Die damit gegebenen unlösbaren Probleme bilden gleichsam das Schicksal der abendländischen Gnaden- und Freiheitslehre.

c) Pelagius

Gegen die augustinische Gnadenkonzeption treten Pelagius und seine Anhänger auf, indem sie noch einmal eine modifizierte Form östlichen Gnadenverständnisses in die Öffentlichkeit der Kirche stellen. Damit wurde ein Streit entfacht, von dem nicht zu Unrecht gesagt wurde, daß vor der Reformation kein anderer Konflikt ihm an Bedeutung gleichkam[12].

Über Pelagius ist sehr viel Unzutreffendes geschrieben worden, denn vor etlichen Jahren kannte man noch zu wenig Quellen, um die authentische Meinung dieses Theologen ermitteln zu können. Bis dahin kannte man das Denken des Pelagius nur aus dem oft polemischen Reflex seiner Zeitgenossen und aus den Ansichten seiner teils sehr radikalen Schüler. Erst in den letzten Jahren kam es zu einer gerechteren Beurteilung des Pelagius[13].

[11] Retract. II, 1 (= BA 12, 450).
[12] *G. d. Plinval,* Pélage (Lausanne u.a. 1943) 17.
[13] Vgl. dazu meine Arbeit: Gnade als konkrete Freiheit. Eine Untersuchung zur Gnadenlehre des Pelagius (Mainz 1972), die praktisch die ganze neuere Literatur aufarbeitet und eine Neuinterpretation des Pelagius versucht. In den großen Rezensionen wurde diese im allgemeinen positiv akzeptiert; kritisiert wurde gelegentlich die in dieser Arbeit implizierte Augustinus-Interpretation. Leider vermochten mich die Argumente der Rezensenten bisher nicht zu einer Retraktation zu bewegen.

Wir wissen wenig von ihm. Vermutlich stammt er aus Irland und tritt um 400 in Rom als Seelenführer, Lehrer der Askese und des geistlichen Lebens auf. Es ist eine Zeit, in der in Rom die letzten Reste des Heidentums zerbrechen und ein massenhaftes Eindringen bis dahin heidnischer Familien, Gruppen und Individuen in die Kirche erfolgt. Damit findet aber auch ein unglaublicher Laxismus in die Gemeinden Eingang. Denn bei sehr vielen ist der Grund ihrer Bekehrung nicht ein religiöses Motiv, sondern reinste Opportunität[14]. Man sieht, daß dem Christentum die Zukunft gehört, darum wechselt man die Fahne. So ist es zu verstehen, daß eine Reihe ernsthafter Christen gerade in dieser Zeit nachdrücklich die Forderung zu authentischem Christsein erheben. Gegen den Laxismus appellieren sie an die Freiheit des Menschen, die christlichen Forderungen ohne Abstriche im privaten und öffentlichen Leben zu verwirklichen. Sie wehren sich mit aller Kraft dagegen, daß aus dem „konventionellen Heiden" ein „konventioneller Christ" wird.

In diesen Appell an die Freiheit stimmen Pelagius und sein Schülerkreis ein. Der hohen Einschätzung der menschlichen Freiheit liegt dabei eine besondere Form der Gnadenlehre zugrunde. Ganz im Zuge östlichen Denkens vertreten Pelagius und seine Anhänger die Überzeugung: Das Vermögen der menschlichen Natur, also ihre Freiheit, ihr Hang zum Guten, die Schwerkraft des Gewissens – all das, was damit gegeben ist, daß der Mensch als Bild Gottes erschaffen wurde und im Sein gehalten wird – dieses Vermögen der menschlichen Natur selbst sei die fundamentale Form der Gnade. Gewiß, auch die Pelagianer wissen: Der Mensch hat gesündigt, und durch die Sünde ist das natürliche Vermögen be-

[14] Ein anschauliches Bild dieser Situation zeichnet Augustinus in seinem Johanneskommentar, XXV, 10 (= CChr. SL 36, 252): „Wie viele suchen Jesus nur um irdischer Vorteile willen! Der eine hat eine Geschäftsangelegenheit – er sucht die Vermittlung des Klerus; ein anderer wird von einem Mächtigeren bedrängt – er nimmt zur Kirche Zuflucht; wieder ein anderer will, daß man für ihn bei jemandem vermittelt, bei dem er selbst nichts ausrichtet. Der eine so, der andere anders; täglich füllt sich die Kirche mit solchen ‚Christen'. Kaum wird Jesus um Jesu willen gesucht."

einträchtigt. Aber Gott kommt dem Sünder zu Hilfe, indem er das, was wir Heilsgeschichte nennen, ins Werk setzt. Die alttestamentlichen Heilsereignisse, vor allem die Gesetzgebung und die Botschaft der Propheten, besonders aber das Neue Testament und darin Jesus Christus, seine Vorbildhaftigkeit, seine Lehre, seine Weisung, seine Verheißungen – all das, weitergegeben durch die Kirche, – sind Mittel, wodurch Gott die durch die Sünde gehemmte Freiheit des Menschen neu belebt und erzieherisch zum endgültigen Heil führt. Deshalb hat für die Pelagianer der Mensch immer die Freiheit und das Vermögen, recht zu handeln, wahrhaft Christ zu sein und es mehr und mehr zu werden. Nicht als ob er dieses Vermögen aus eigener Autonomie besäße, vielmehr steht für die Pelagianer der Mensch immer schon in einem allumfassenden Heilsprozeß. Angefangen davon, daß Gott die menschliche Natur als imago dei auch und trotz der Sünde erhält, bis dahin, daß er ihr nach der Sünde durch eine Fülle von Heilsgeschehnissen, die im Christusereignis gipfeln, permanent zu Hilfe kommt. Gott treibt den Menschen nicht in die Sünde, läßt ihn nicht in der Sünde, und darum hat er immer die Möglichkeit, frei, d.h. als Bild Gottes zu handeln. Eben darum kann auch die Freiheit des Menschen aufs äußerste herausgefordert werden.

In den pessimistischen Aussagen Augustins über den Menschen, dessen abgrundtiefe Verlorenheit und radikales Unvermögen sieht Pelagius nur ein Wiederaufleben des Manichäismus, nämlich jener geistigen Bewegung, nach welcher es neben dem guten ein radikal schlechtes Prinzip gibt, auf Grund dessen bestimmte Menschengruppen a priori zum Bösen getrieben werden. Für Pelagius ist Gott gut und gerecht zugleich, und deswegen gibt er dem Menschen immer auch die Möglichkeit, seine Forderung zu erfüllen. Wo es Menschen gibt, gibt es Gnade, steht die menschliche Natur als Bild Gottes unter dem Gnadenhandeln Gottes.

Ganz anders sieht Augustin die Sachlage: Gerade aus der Unmöglichkeit des Menschen, die Forderung Gottes zu erfüllen, wird die radikale Angewiesenheit auf die Gnade deutlich. Darum muß der Mensch, um das tun zu können, was Gott befiehlt, allererst um die Gnade bitten. Er bleibt auf sie angewiesen, als auf eine innere Kraft, die Gott erst schenken muß und die Gott nicht allen schenkt.

In einer seiner Spätschriften sieht Augustin den entscheidenden Anfang der Differenzen zwischen ihm und Pelagius in folgender Szene begründet. Augustin schreibt: „In den Büchern meiner Bekenntnisse habe ich ... oftmals zu unserem Gott gesagt: Gib, was du befiehlst, befiehl, was du willst. Als durch einen Bruder und Mitbischof von mir diese Worte in Rom in Gegenwart des Pelagius erwähnt wurden, konnte jener [Pelagius] sie nicht ertragen, sondern widersprach ziemlich erregt und geriet mit dem, der sie erwähnt hatte, beinahe in Streit."[15] Der Grund für die Erregung des Pelagius liegt auf der Hand. Für Pelagius ist ein solches Gebet – „Gib, was du befiehlst" – ein entschuldigendes Ausweichen vor der Verpflichtung zum christlichen Handeln. Für Pelagius *hat* Gott immer schon gegeben, und also kann der Mensch handeln. Es liegt nun allein an ihm, das Gute ins Werk zu setzen. Aber genau das widerspricht diametral der ganzen persönlichen Erfahrung Augustins. Jahrzehntelang hatte er um das Vermögen, keusch zu sein, gerungen, bis Gott ihm, sozusagen unvermutet, die Gnade schenkte, *damit* er es vermochte. So hatte Augustin konkret erfahren: die Gnade ist eine besondere Kraft, auf die der Mensch angewiesen ist, auf die er warten muß, die Gott allererst in seiner Freiheit schenkt, eine Gabe, von der der Mensch also nicht wie von einem stets schon gegebenen Besitz ausgehen kann. Von Haus aus steht der Mensch für Augustin gerade in einer Unheilsdynamik und nicht – wie bei Pelagius – immer schon in einer Gnadendynamik. Darum zeichnet Pelagius ein außerordentlich optimistisches Bild vom Menschen, während Augustin ein außerordentlich düsteres und pessimistisches Bild vom Menschen außerhalb und vor der Gnade zeichnet. So könnte die Differenz, ja die Front zwischen Pelagius und Augustinus nicht härter verlaufen. Wobei frei-

[15] De dono persever. XX, 53 (= ALG VII, 416).

lich anzumerken ist, daß – zumal im Verlauf der Kontroverse – die beiden Kontrahenten sich gegenseitig in Extrempositionen treiben und treiben lassen und zu wenig nach einer möglichen Vermittlung suchen, wie es so oft in der Geschichte geistiger Auseinandersetzungen geschieht.

Noch in einem zweiten Punkt besteht ein tiefgehender Dissens zwischen Augustin und Pelagius. Versteht Pelagius Gesetz, Weisung, Vorbild und Lehre Jesu als konkrete Formen des Gnadenwirkens Gottes, so kann all das für Augustin nicht die eigentliche Gestalt der Gnade sein, auch wenn Gesetz und Vorbild und Lehre Jesu für das schon begnadete christliche Leben von äußerster Bedeutung sind. Aber Gesetz, Weisung, Vorbild und Lehre bleiben dem noch nicht begnadeten Menschen äußerlich, das heißt ein äußerer Anspruch, den er nicht erfüllen kann, solange ihm nicht die eigentliche Gnade, nämlich die Befreiung zu wahrer Gottes- und Nächstenliebe ins Herz eingegossen ist. Ohne diese durch den Heiligen Geist gewirkte Liebe im Innern, bleibt auch in Beispiel und Lehre Jesu vor den Menschen nur ein Sollensanspruch stehen, der, weil die Liebe fehlt, nicht ausgeführt werden kann und somit für Augustin nur tötender Buchstabe ist. Damit ist gegeben, daß der Mensch – wie schon oben gesagt – angesichts der Gnade, die Gott schenkt, keine Entscheidungswahl hat: er kann die Gnade nicht ablehnen oder annehmen, denn als Sünder würde er die Gnade immer ablehnen, und gerecht wird er erst durch die Gnade. So muß – nochmals! – Gott allererst aus reiner Huld die wahre Freiheit in uns ohne unser Zutun bewirken. Das bedeutet nicht, daß die Gnade den menschlichen Willen gleichsam zerbricht, ihn wie ein Zwang überfällt, über uns hinweggeht. Denn nach Augustin wird der menschliche Wille dadurch bewegt, daß er an einer Sache Gefallen, Freude und Ergötzen findet. Dieser „Bewegungsfähigkeit" des menschlichen Willens gleicht Gott sich gleichsam an: er senkt in seinem Gnadenhandeln dem Menschen die Liebe so tief ins Herz hinein, daß der bis dahin sündige Wille nicht nur am Guten Freude finden und von seiner Selbstliebe umkehren *kann,* sondern daß er unfehlbar am Guten Gefallen und

Ergötzen findet, sich vom Geist leiten läßt und unweigerlich zu Gott kehrt. Denn, so sagt Augustin: „Es kann nicht die Wirkung des göttlichen Erbarmens in der Macht des Menschen liegen, so daß Gott sich vergebens erbarmte, wenn der Mensch nicht will"[16], das heißt, die Gnade Gottes ist unfehlbar wirkende Gnade, Gott setzt unfehlbar das Gute im Menschen durch.

„Diese Gnade also, die dem menschlichen Herzen durch Gottes Freigebigkeit im Verborgenen mitgeteilt wird, stößt kein Herz, und wäre es auch noch so hart, von sich. Im Gegenteil: deshalb wird sie doch mitgeteilt, daß zuerst die Herzenshärte weggenommen werde."[17] Deshalb bewegt sich der Wille weder unter der Sünde noch unter der Gnade gegen seinen Willen, sondern nur mit und auf Grund seines Willens. Weil aber die Gnade als „dilectio" und „caritas" das *innere Schwergewicht des Willens selbst ist,* gibt es keine Instanz, die befreiende Gnade selbst in Frage zu stellen. Die Gnade *ist* die geschehende-geschehene Entscheidung selbst. Nach augustinischem Heilsverständnis gibt es also keinen „Punkt" außerhalb des entschiedenen Willens, der sich erst in freier Wahl zu entscheiden hätte. Die Wahl ist immer schon getroffen: Als Kind Adams steht der Mensch notwendig unter der Sünde, als von Gott Erwählter wird er unfehlbar zur Liebe befähigt.

Anders ist es wiederum bei Pelagius. Hier bezieht, im Zuge der östlichen Gnadenlehre, der in der Geschichte und in geschichtlichen Vermittlungen gnädig handelnde Gott immer auch die nicht ganz erloschene Freiheit des Menschen zum Guten ein, so daß der Mensch dem erzieherischen Handeln Gottes gegenüber auch sein Nein sagen kann. Damit wird wiederum das Dilemma der westlichen Gnadenlehre deutlich, Gott oder dem Menschen ein Übergewicht im Heilsgeschehen zuzusprechen. Bei Augustin wirkt Gott alles, und der Anteil des Menschen bleibt gering. Der Mensch ist wesentlich rezeptiv.

Bei Pelagius scheint es gelegentlich so, daß alles auf den Men-

[16] Ad Simplic. I, 2, 13 (= CChr. SL 44,38).
[17] De praedest. sanct. VIII, 13 (= ALG VII, 266).

schen und seine Freiheit ankommt und die Rolle Gottes darauf beschränkt bleibt, dem Menschen sozusagen das nötige Rüstzeug zu geben, damit der Mensch selbst sein Heil in die Hand nehmen kann. Wenn bei Augustin aber Gott alles tut, dann entsteht zwangsläufig die Frage: Warum handelt Gott nicht heilvoll an *jedem* Menschen, warum wählt Gott bestimmte aus und schenkt ihnen seine Gnade, andere aber werden nicht erwählt und werden in ihren Sünden gelassen? Kurz, wenn Gott die absolute Initiative hat, warum ist das Heil dann nicht universal? – So stellt sich im Rahmen der augustinischen Gnadenlehre zum erstenmal das Problem der Prädestination in aller Schärfe.

Ein letzter, für die weitergehende Geschichte der Gnadenlehre wichtiger Differenzpunkt ist abschließend noch einmal hervorzuheben.

Für *Pelagius* ist – wie wir sahen – die Geschichte mit ihren konkreten heilsbedeutsamen Ereignissen und Situationen – vor allem die alttestamentliche Heilsgeschichte, das Christus-Ereignis und dessen tätige Bezeugung durch die Kirche und durch einzelne Christen – konstitutiv in den (erzieherischen) Gnadenprozeß hineingenommen. Die Korrelation zwischen der auf Gott hin finalisierten Freiheitsnatur des Menschen und *äußeren,* von Gott gewirkten heilsgeschichtlichen Situationen, die ermöglichend und fördernd die menschliche Freiheit in die progressive Bewegung des „Bildes" auf sein göttliches Ur-Bild hin einweisen, ist für ihn das Medium der Gnadenerfahrung: Gottes Gnade wird also *konkret vermittelt,* vor allem durch Jesus Christus und seine Wirkungsgeschichte in der Kirche und in zwischenmenschlichen Beziehungen. Demgegenüber ist für *Augustin* Gnade wesentlich *innere* Gnade (die Liebe Gottes, der Heilige Geist); sie ist *unmittelbares Gottesgeschenk.* Ihr Erfahrungsort ist die menschliche Subjektivität mit ihrem inneren Erkennen und Wollen (Lieben). Damit wird in letzter Konsequenz das Gnadenwirken von der Geschichte, Gnade von der Welt, das (entscheidend) Innere vom (gleichgültig) Äußeren getrennt – obwohl bei Augustin sich diese Folgen erst anbahnen und er selbst (das sei ausdrücklich vermerkt) auf vielfache Weise einem scharfen Hiatus zu entkommen sucht[18].

d) Ergebnis des Streits

In der Auseinandersetzung mit Pelagius trägt Augustin den Sieg davon[19]. Dies geschieht auf dem Regionalkonzil von Karthago im Jahre 418, wo der pelagianische Streit einen gewissen Abschluß erhält. Ganz unter dem Einfluß Augustins stehend, erklärt dieses Konzil in verschiedenen Variationen gegen Pelagius, daß die Gnade als eine besondere Hilfe und Kraft („adiutorium") für den Menschen absolut notwendig sei[20]. Das Konzil wurde von Papst Zosimus in einer Bulle, die den Namen „Tractoria" trug und von jedem Bischof unterschrieben werden mußte, anerkannt. Allerdings ist uns diese Bulle nur in wenigen Zitaten erhalten, und es bestehen heute nicht geringe Zweifel daran, ob das Konzil in allen seinen Teilen vom Papst anerkannt wurde. Sicher ist nur, daß vom Papst die Aussagen über die absolute Notwendigkeit der Gnade aufgegriffen wurden. Wie immer es damit steht: gerade dieses Regionalkonzil wurde in der Theologie- und Kirchengeschichte des Abendlandes immer wieder zitiert. Das abendländische Christentum wurde von der hier grundgelegten Gnadenlehre durch und durch geprägt. Es hat jene Überzeugung herangebildet, daß der Mensch, um frei, gerecht und heilig zu werden, auf eine besondere erwählende Gnade Gottes als einer besonderen Kraft angewiesen ist.

Den Sieg errang Augustin über Pelagius und den Pelagianismus zu Recht, wenn man bedenkt, daß sich die philosophischen und soziokulturellen Voraussetzungen für das Verständnis des Heilswerkes Gottes in der Westkirche gegenüber der Ostkirche geän-

[18] Näheres zu diesem umstrittenen und auch schwierigen Sachverhalt bei *Greshake,* Gnade (s.o. Anm. 13) 256ff, 266ff.

[19] Für die kirchen- und theologiegeschichtlichen Einzelheiten vgl. z.B. *O. Wermelinger,* Rom und Pelagius (Stuttgart 1975).

[20] DS 225ff.

dert hatten. Hinzu kam, daß die Schüler des Pelagius den Eindruck erweckten, als könne der Mensch auch ohne Gnade sein Heil in voller Autonomie finden, so daß man auf Grund solcher Aussagen der Schüler und Anhänger des Pelagius auch ihm selbst nicht glaubte, wenn er zum Ausdruck brachte, daß er immer schon von einer zuvorkommenden Begnadung des Menschen ausging.

Auf der anderen Seite geschah die Verurteilung des Pelagius zu Unrecht, weil Pelagius selbst von seinen Voraussetzungen her im besten Glauben das Heilswirken Gottes zum Ausdruck bringen wollte und dabei meinte, die große kirchliche (= griechische) Tradition auf seiner Seite zu haben und deshalb Augustin für den eigentlichen Neuerer hielt[21]. Pelagius bot in der Tat dem seiner Freiheit in höherem Maß ansichtig gewordenen Menschen zur Erfassung der Gnade nach wie vor das alte „kosmologische" Schema an, das aber nur solange tragfähig ist, als die Freiheit des Menschen noch einmal als von der universalen göttlichen Pädagogie umgriffen und ermöglicht verstanden wird. Indem Pelagius dieses Verstehen anbietet, ist er im Grunde nicht nur der Konservative, sondern auch der, der zu spät kommt, der dem neuen „Lebensgefühl" der aus den kosmologischen Bindungen sich emanzipierenden Subjektivität vom Glauben her eine im wesentlichen nur *alte Antwort* geben kann[22].

[21] Das hat bereits *F. C. Baur,* Die christliche Kirche vom Anfang des vierten bis zum Ende des sechsten Jahrhunderts in den Hauptmomenten ihrer Entwicklung (Tübingen 1859) 123f richtig gesehen: „Es gibt keinen Häretiker, welchem weniger als ihm [Pelagius], in Ansehung der Hauptsätze seiner Lehre, eine Abweichung von dem bisher Geltenden zum Vorwurf gemacht werden konnte." Ähnlich *F. Loofs,* Leitfaden zum Studium der Dogmengeschichte, Bd. I, hrsg. von K. Aland (Tübingen 1968) 339.

[22] Diese Antwort ist so lange eine legitime Auslegung des christlichen Glaubens, als das Vermögen der menschlichen Natur und – in Korrelation dazu – das äußere heilsgeschichtliche Handeln Gottes dem Menschen bewußt machen können, daß seine Freiheit nicht nur von Schöpfung her, sondern – nachdem jene durch die Sünde hoffnungslos niedergehalten ist – auch auf Grund der Neuschöpfung durch Christus von Gott ermöglicht und gehalten ist. Diese Bedingung ist zwar bei Pelagius trotz mancher bedenklicher Akzente grundsätzlich noch gegeben. Aber bereits bei seinen Schülern schlägt es um. Bei Julian z.B. (und vermutlich auch schon bei Caelestius) wird die menschliche Natur als „natura emancipata" verstanden

In gewisser Weise war Augustin ein Neuerer. Zwar konnte er an Theologen vor ihm anknüpfen und sich – vor allem! – auf paulinische Aussagen berufen. Ja, in gewisser Weise ist die augustinische Gnadenlehre eine kongeniale Aktualisierung paulinischer Aussagen, entsprungen einer ähnlichen persönlichen Erfahrung. Beide haben nämlich in ihrem Leben die Gnade Gottes erfahren als ein momentanes, auf sie zukommendes, ihre Freiheit überwältigendes Geschehen, das sie in ihrem Innern traf und radikal umwandelte. Doch Paulus ist nicht das ganze Neue Testament. Und betrachtet man die östliche Theologie vor Augustin, so gab es – wie wir gesehen haben – ganz andere Ideen als die, die Augustin vorlegte. Augustins Gnadenlehre war, von hier aus gesehen, theologisch neu: sie war eine neue Antwort des Glaubens, die von der spezifisch westlichen Situation her gefordert war. Angesichts der zerbrechenden antiken Welt und ihrer von einem umgreifenden kosmischen Zusammenhang gewährten und garantierten inneren Gefügtheit und göttlichen Bestimmtheit, war die Idee einer „Erziehung des Menschengeschlechts" durch das Wirken des Logos unter Einbeziehung der Freiheit des Menschen keine tragfähige und überzeugende Auslegung des christlichen Glaubens mehr. So bricht Augustin endgültig mit dem heilsgeschichtlich-„paideutischen" Denken der griechischen Kultur[23].

Die Welt war alt geworden, das Ende stand nah vor der Tür, Jugend und neue Heimat waren nur zu gewinnen, indem der heimatlos, ungesichert, einsam und sich selbst fraglich gewordene Mensch sich radikal einer Gnade anheimstellte, welche ihm in sei-

und die Freiheit als reines aequilibrium gedacht, kraft dessen der Mensch sich ganz allein selbst bestimmt. Das heilsgeschichtliche Handeln Gottes wird bei diesen Schülern zu einem zwar hilfreichen, aber doch im Grunde entbehrlichen „Modell" für den emanzipierten Freiheitsvollzug des Menschen. Angesichts dieser „auf der Kippe" stehenden theologischen Position des Pelagius kann man zwar einerseits die kirchliche Entscheidung gegen ihn bedauern, da sie ihm persönlich nicht gerecht wurde; andererseits wird aber damit auch der situations- und sachgemäße Charakter des kirchlichen Vorgehens deutlich, welches Augustin und nicht Pelagius recht gab.

[23] Vgl. *St. Otto,* Das Problem der Zeit in der voraugustinischen Theologie, in: ZKTh 82 (1960) 86.

nem Innern Sicherheit, Geborgenheit und Hoffnung gab. Versuchte Pelagius noch einmal, durch einen äußersten Appell an die „immer schon" begnadete, weil in einem universalen Gnadengefüge stehende Freiheit der aus den Fugen geratenen Welt Konsistenz zu geben und ihr ein Kirchenbild vorzustellen, das dem hohen urchristlichen Ideal noch einmal nahekommen sollte, schlägt Augustin einen anderen Weg ein, den Weg der absolut wirksamen Gnade allein. Auf dem Weg der inneren Erfahrung als einzelner vor Gott gestellt, wird der Mensch nicht nur seiner abgrundtiefen Verlorenheit ansichtig, zugleich erfährt er das Wirken einer souveränen inneren Gnade, welche ihm wahre Freiheit verleiht und ihn einweist in die Gnaden- und Liebesgemeinschaft der Kirche. Leuchtet im „pelagianischen Menschen" noch einmal das Kraftvolle und Ungebrochene der antiken Religiosität auf, so versteht sich der „augustinische Mensch" als reine Rezeptivität und radikale Angewiesenheit auf Gott.

Die neue Antwort, die Augustinus gab, erfolgte aber infolge der Polemik gegen Pelagius in äußerst extremer Form, nämlich so, daß bei Augustin der menschliche Faktor im göttlichen Gnadenwirken total unterbewertet wurde. Deshalb ließ sich fast a priori absehen, daß sich in der weiterlaufenden Theologiegeschichte gegenläufige Meinungen erheben würden.

Dies geschah schon sehr bald nach dem Tode Augustins im 5. und 6. Jahrhundert durch die Vertreter des sogenannten Semipelagianismus. Der Name stammt erst aus dem 17. Jahrhundert; auch gibt es im Grunde *den* Semipelagianismus nicht, sondern eine Reihe verschiedener Theologen, die sich gegen einen extremen Augustinismus erhoben, um der menschlichen Freiheit im Gnadengeschehen Raum zu schaffen und sich gegen eine absolute göttliche Vorherbestimmung zu wehren. Zu ihrer Zeit wurden sie nicht Semipelagianer, sondern „Reste des Pelagianismus" genannt. Wir finden diese Theologen vor allem im Mönchtum Südfrankreichs. Sie sind zwar mit Augustin und der gesamten kirchlichen Überlieferung der Überzeugung, daß der Mensch ohne Gnade verloren, daß er also unbedingt auf die Gnade Gottes verwiesen ist. Sie meinen aber, der menschlichen Freiheit zwei Funktionen zuerkennen zu müssen, nämlich

(1) daß der Mensch kraft seiner Freiheit um die Gnade Gottes bitten kann und muß, um sie zu erhalten. So wie ein Kranker sich zwar nicht selbst heilen kann, sondern des Arztes bedarf, jedoch nach dem Arzt rufen kann, so verhält sich auch der Mensch gegenüber der Gnade. Er bedarf ihrer, er kann sie sich nicht selbst geben; er vermag jedoch nach ihr zu rufen. So steht am Anfang des Heilsgeschehens der Mensch mit seinem Hilferuf nach der Gnade;

(2) aber vermag der Mensch nach diesen Theologen, wenn er die Gnade Gottes empfangen hat, diese treu zu bewahren.

Gegen diese Meinung der Semipelagianer erhoben sich die strengen Nachfolger Augustins und erreichten, daß die semipelagianischen Tendenzen auf der zweiten Synode in Orange verurteilt wurden. Dieses sehr kleine Regionalkonzil wird von Papst Bonifaz II. in wesentlichen Zügen, aber nicht in allen Einzelheiten bestätigt. Auf dem Konzil setzte sich noch einmal der extreme Augustinismus durch. Ja, man kann sagen, daß die Lehre dieses Konzils zu einem großen Teil aus augustinischen Zitaten oder Gedanken zusammengesetzt ist. Deutlich scheint das pessimistische Menschenbild Augustins durch, wenn in Orange der augustinische Satz definiert wurde: „Von sich aus hat der Mensch nichts als Sünde und Lüge“ (DS 392).

Wenn dieses Konzil auch von Papst Bonifaz II. bestätigt wurde, so geschah dies doch nur in allgemeiner Form, so daß es sich bei den Konzilsaussagen nicht um dogmatische Definitionen im strikten Sinn handelt. Hinzukommt, daß die Akten dieses Konzils verlorengingen und erst im 16. Jahrhundert wieder auftauchten. Dennoch dürfte die Zurückweisung des Semipelagianismus zu Recht erfolgt sein. Denn wenn es richtig wäre, daß der Mensch kraft seiner Freiheit mit seinem Ruf nach der Gnade den Anfang des Heilsprozesses setzt, dann liegt die Initiative nicht mehr bei Gott, dann ist Gnade nicht mehr Gnade, sondern sie beruht letztlich auf menschlicher Leistung und Initiative.

Der Sieg des radikalen Augustinismus in Orange sollte abermals nicht lange dauern. Denn aus der Gnadenkonzeption Augustins entstanden Fragen, die jahrhundertelang – im Grunde bis heute – die Theologie beschäftigen sollten. Das waren außer der Frage nach der Prädestination, auf die wir hier nicht einzugehen haben, vor allem zwei Fragen:

(1) Was ist eigentlich das Wesen der Gnade, also jener besonderen Kraft, die Gott in den Menschen „eingießt", damit der Mensch von seiner Vergangenheit frei und als Befreiter auf den Weg des Heils gebracht wird?

(2) Wie verhält sich genau die menschliche Natur, also das, was dem Menschen zu eigen ist, zur Gnade? Genauer gefragt: Was kann der Mensch *ohne*, was vermag er *mit* der Gnade?

Es geht also um das durch Augustin nicht gelöste Verhältnis von Gott und Mensch, von menschlicher Freiheit und göttlicher Gnade, von dem, was der Mensch, und von dem, was Gott im Gnadenprozeß tut. Diese Fragen gingen in die Früh- und dann in die Hochscholastik ein und waren dort oft Gegenstand diffizilster Reflexionen. Einige Momente dieser mittelalterlichen theologischen Arbeit sind für uns von besonderer Bedeutung, um die bis heute geltenden Begriffe der Gnadenlehre zu verstehen und die weitere Entwicklung zu begreifen.

3. Scholastische Gnadentheologie

a) „Ungeschaffene" und „geschaffene" Gnade

Gnade – so legten wir bereits dar – ist ursprünglich ein Relationsbegriff, d. h., Gnade bezeichnet nicht primär ein „Etwas", das der Mensch von Gott erhält, sondern das Verhalten des gnädigen Gottes selbst, seine Huld, seine Güte, die Freiheit seiner Liebe gegenüber dem Menschen. Insofern Gnade Gott selbst, sein gnädiges Verhalten meint, wird sie in der scholastischen Theologie „ungeschaffene Gnade" genannt, d.h. Gnade, die der Schöpfer selbst ist. So verstanden ist Gnade näherhin identisch mit dem

Heiligen Geist, mit der Liebe Gottes, die uns durch Jesus Christus geschenkt ist. Aber dies ist nicht die einzige Gestalt der Gnade. Wie im zwischenmenschlichen Bereich die Liebe das gemeinsame „Zwischen“ von Ich und Du ist und somit die Liebe des einen dem geliebten anderen nicht äußerlich bleibt, sondern dessen Lebensvollzug bestimmt, Freiheit schenkt, zur (Gegen-)Liebe befähigt, *so* ist es analog auch mit der Liebe Gottes zu den Menschen. Die Liebe Gottes bleibt nicht gleichsam ein äußerliches Dekret, eine freundliche Gesinnung *über* dem Menschen, sondern sie geht in die menschliche Wirklichkeit ein. Indem Gottes Liebe werbend an den Menschen herantritt, prägt sie diesen innerlich, befreit ihn zur Gegenliebe, zur Freude, zur Hoffnung. Anders gesagt: Gerade weil die Gnade Gottes die radikale Liebe des Schöpfers ist, wirkt „Gnade“ schöpferisch, wird sie eine erfahrbare Wirklichkeit im und am Menschen, analog wie die Liebe eines Menschen in die konkret-erfahrbare Wirklichkeit des Geliebten eintritt. Gottes Liebe ist nicht weniger wirksam und konkret: die geschöpfliche Wirklichkeit verändernd und neu prägend, zeigt sie ihre Kraft im konkreten Leben des begnadeten Menschen durch „ein erfahrbares Mehr an menschlicher Freiheit, etwa an Nächstenliebe, Mut, Hoffnung, Tapferkeit, Freude, Geduld usw.“ [24]. So bleibt also die Huld Gottes nicht eine innere Gesinnung in Gott, gleichsam folgenlos über dem Menschen schwebend, sondern sie „setzt sich um“ in bestimmte Wirkungen am Menschen: Wenn Gott liebt, d. h., wenn er den Menschen radikal annimmt, dann ist der Sünder nicht mehr Sünder, sondern Gottes geliebter Partner, dann ist der Unfreie nicht mehr unfrei, der Hoffnungslose nicht mehr hoffnungslos. Weil also die Liebe Gottes wirklich bei uns ankommt und uns in unserer Wirklichkeit betrifft (da Gottes Liebe, wie alle Liebe, schöpferisch ist), darum ist mit der ungeschaffenen Gnade eine „geschaffene Wirkung“ mitgegeben, d.h. eine Wirklichkeit

[24] *J. Heinrichs,* Ideologie oder Freiheitslehre? Zur Rezipierbarkeit der thomanischen Gnadenlehre von einem transzendental-dialogischen Standpunkt, in: ThPh 49 (1974) 421.

am und im Menschen, auf Grund derer der Mensch fähig wird, Gottes Liebe anzunehmen, aus ihr heraus zu leben und die radikale Selbstmitteilung des Schöpfers mit der eigenen Hingabe zu beantworten. Diese Wirkung der ungeschaffenen Gnade, also die innere Umgestaltung des Menschen durch Gottes Liebe, wird in der mittelalterlichen Theologie „geschaffene Gnade" genannt.

Das Gemeinte läßt sich auch noch anders einsichtig machen: Nehmen wir an, es gäbe keine „geschaffene Gnade", dann wäre die „Liebe Gottes, ausgegossen in unsere Herzen durch den Heiligen Geist, der uns geschenkt ist" (Röm 5,5), der Heilige Geist selbst. So erklärt es auch der berühmte mittelalterliche Theologe Petrus Lombardus. Aber gegen diese Auffassung haben die großen hochmittelalterlichen Theologen eingewandt: Wenn es der Geist Gottes selbst ist, der in uns liebt, dann sind *wir selbst* durch die Gnade Gottes nicht wirklich befreit. Denn unsere eigentliche Würde, die Freiheit, wäre von der Gnade nicht erreicht: die Liebe Gottes, der Heilige Geist, würde unsere Freiheit „ersetzen", nicht aber zur *eigenen* Liebe befreien[25]. Oder anders: „Wenn die persönliche Hingabe Gottes (also seine Huld) keinen einzigen geschaffenen Effekt im Inneren des Menschen hervorrufen würde, wäre sie im Grunde nur eine Beziehung Gottes zu sich selbst."[26] Gott würde sich *im* Menschen *selbst* lieben, die menschliche Wirklichkeit bliebe unbetroffen, der Mensch würde nicht wirklich befreit und auf den Weg zur vollkommenen Freiheit gesetzt.

Wie aber wird die „ungeschaffene Gnade" (= Huld Gottes) Wirklichkeit in unserem Leben? Die Reflexion der mittelalterlichen Theologie über diese Frage knüpfte an den aus der aristotelischen Philosophie stammenden Begriff des „habitus", des „Gehabes" an. Habitus meint nach aristotelischer Philosophie das, was als dauernder Zustand dem aktuellen Handeln des Menschen zugrunde liegt. Die vielen Handlungen des Menschen entspringen ja

[25] Vgl. dazu *B. G. Langemeyer*, Gnade – muß ich mir etwas schenken lassen?, in: Brücken. Hilfen zum Glaubensgespräch II, hrsg. vom Bischof von Münster (Kevelaer 1976) 92; *Heinrichs*, a.a.O. 426.

[26] *J. B. Alfaro*, Person und Gnade, in: MThZ 11 (1960) 8.

nicht unvermittelt seinem Wesen, sondern haben noch einmal eine geprägte, geformte Wurzel, der sie entstammen, eben einen „habitus". Das Beispiel des Sportlers kann das Gemeinte erhellen: Durch Übung hat der Sportler sein Wesen so geformt, daß er zu bestimmten sportlichen Handlungen fähig ist. Diese sind also nicht etwas Zufälliges, sondern gehen aus jener durch Übung erreichten Wesensprägung hervor, die „Gehabe" genannt werden kann. Wie also der „habitus" des Sportlers die sportlichen Handlungen aus sich entläßt, so prägt – analog verstanden – auch die Gnade Gottes den Menschen. Die „geschaffene", von Gott dem Menschen geschenkte Gnade wird zur neuen Wurzel allen menschlichen Handelns, so daß der Mensch aus der Liebe zu Gott heraus leben und Gott und den Nächsten lieben kann. Während aber im Beispiel des Sportlers der Mensch sich selbst durch Übung, Gewohnheit oder Training sein „Gehabe" erwirbt, ist Gnade nicht Ergebnis menschlicher Leistung, sondern im wortwörtlichen Sinne ein Gehabt-sein, ein In-Besitz-genommen-Sein durch Gott, reines Geschenk des Heiligen Geistes[27].

Die Tradition verstand im Anschluß an Augustins verinnerlichtes Gnadenverständnis diesen Habitus der geschaffenen Gnade *ontologisch,* nämlich als eine *unsichtbare,* seinshafte, durch Gottes Geist dem Menschen „eingegossene" Veränderung der menschlichen Subjektivität, des Verstehens und Wollens. Doch Grundgedanke und Sinnspitze der geschaffenen Gnade sind an diese Interpretation nicht gebunden. Wir müssen vielmehr davon ausgehen, daß der Prototyp der geschaffenen Gnade Jesus Christus selbst in seiner Menschlichkeit ist. In ihm wird Gottes ungeschaffene Gnade (= seine radikale Liebe) auf der Ebene des Geschöpflichen konkret, zeichenhaft, wirksam; durch ihn vermit-

[27] Erstmals wird auf dem Konzil von Vienne 1312 in einem Konzilsdokument die Lehre von der Gnade als Habitus angeführt, und zwar als „wahrscheinliche" theologische Lehre. Die Konzilsaussage steht hier im Zusammenhang mit Überlegungen zur Kindertaufe. Gerade diese Konzeption von der Gnade als „geschenktes Gehabe", „habitus infusus", konnte plausibel machen, daß auch bei der Säuglingstaufe etwas „Wirkliches" geschieht: die Gnade bewirkt etwas, was dem Bewußtsein des Menschen und seiner „Praxis" vorausliegt.

telt sich die Liebe Gottes in unsere eigene menschliche Wirklichkeit hinein: Von Jesus Christus her gibt es die in ihm gründende und ihn „fortsetzende“ Vermittlung der Liebe Gottes in der Kirche, durch die Gemeinschaft der Christen und schließlich – insofern es in der ganzen Menschheit das „anonym Christliche“ gibt – sogar durch jedes gelungene menschliche Leben überall in der Welt. Indem die Liebe Gottes also den Menschen erreicht durch geschöpfliche Vermittlungen (christologisch-ekklesialer oder „anonym christlicher“ Art), und zwar konkret durch Wort und Zeugnis der Liebe und Freundschaft anderer, durch Erziehung und Sozialisation, durch persönliche Begegnungen und gesellschaftliche Strukturen, wird die menschliche Freiheit zuinnerst geprägt. Durch geschöpfliche Vermittlungen der Liebe Gottes wird also nicht nur etwas rein Äußerliches gesetzt, sondern, vermittelt durch das „Außen“, wird das Sein des Menschen, sein Wollen und Verstehen geprägt, so daß der Betroffene aus der Liebe Gottes heraus leben, wirken und hoffen kann. „In solchem Verständnis der habituellen, geschaffenen Gnade als der mitmenschlich-kirchlichen Vermittlung der Selbstmitteilung Gottes zeigt sich, in welch erschreckendem, aber auch erfreulichem Maße die Menschen füreinander heilsbedeutsame Mittler sind und an dem Priestertum des Einen Mittlers teilhaben.“ [28] Diese Hinweise mögen hier genügen, da wir auf diese Interpretation noch eingehen werden (vgl. S. 95 ff.).

In den traditionellen Katechismen wird die „geschaffene Gnade“ bzw. das „eingegossene Gehabe“ gewöhnlich „heiligmachende Gnade“ genannt. Das heißt: Gott erreicht mit seiner Liebe wirklich heiligend den Menschen. Gottes Verhalten ist nicht ein nur „So-als-ob“, sondern ist schöpferisches Verhalten, das uns, bevor *wir* anfangen ihn zu lieben, durch seine Liebe eine neue heiligende Befähigung schenkt, kraft derer wir ihn wiederlieben und aus seiner Liebe heraus leben können. Freilich – so bemerkt B. G. Langemeyer [29] zu Recht –: „Diese Lehre von der heiligma-

[28] *Heinrichs,* a. a. O. 424. [29] A. a. O. (s. o. Anm. 25) 92.

chenden Gnade, die das Konzil von Trient später feierlich bekräftigt hat, ist dann bis in unser Jahrhundert hinein von den Gläubigen vielfach nicht ganz verstanden worden. Ursprünglich war gemeint, daß die Nähe der Liebe Gottes die freie Eigentätigkeit des Menschen nicht unterdrückt oder ausschaltet, sondern im Gegenteil aufrichtet und emporhebt, damit sie die Absichten der Liebe Gottes selbsttätig mitverwirklichen könne. Was aber bei vielen frommen Gläubigen daraus wurde, war: Wenn ich die heiligmachende Gnade nicht habe, liebt Gott mich nicht, und ich bin für ewig verloren. So wurde die Lehre von der heiligmachenden Gnade nicht mehr als frohe Botschaft von der schöpferischen Liebe Gottes verstanden, sondern als erschreckende Forderung. Das bange Fragen: Habe ich die heiligmachende Gnade oder nicht? drängte dazu, auf die Leistung des eigenen Willens zu schauen, weil ja die Gnade den Willen dazu befähigt, das Böse durch das Gute zu überwinden... So war dann nicht mehr der Glaube an Gottes Gnade die Wurzel der guten Werke, sondern die Angst vor dem Bösen, vor dem Untergang..." Dabei ist gerade die Lehre von der „geschaffenen Gnade" eine theologische Entfaltung der frohen Botschaft, daß Gott uns mit radikaler Liebe liebt, bevor wir anfangen ihn zu lieben, daß er uns durch seine radikale Liebe instand setzt, auf sein „Freien" hin unser freies Ja sagen zu können.

b) Natur und Gnade[30]

Die Vätertheologie ging auf Grund des eindeutigen Schriftzeugnisses davon aus, daß jeder Mensch aus Gnaden dazu berufen ist, in Christus und mit ihm am Leben Gottes teilzunehmen und für dieses Ziel bereits jetzt zugerüstet zu werden. Die theologische Perspektive war mithin ausschließlich auf die faktische Gnaden-„Ordnung" gerichtet, in der der Mensch steht. Diese Perspektive wandelte sich vor allem in der Zeit der Hochscholastik.

[30] Vgl. für diesen Abschnitt *G. Muschalek,* Gott als Gott erfahren I (Frankfurt a. M. 1974) 87–127.

Die Hochscholastik war bestimmt durch die Aufnahme aristotelischer Philosophie in das theologische Denken. Im Zuge dieser Rezeption wurde die Theologie auch mit dem aristotelischen Naturbegriff konfrontiert. Aristoteles versteht unter „Natur" das *Wesen* eines Seienden, wie es ihm *vom Ursprung* her zukommt und ihn bis in seine Vollendung hinein bleibend determiniert. Natur ist sozusagen der apriorische „Rahmen", innerhalb dessen sich ein Seiendes vollzieht. Nun ist es nicht von ungefähr, daß der Begriff Wesen in der deutschen Sprache mit dem Wort Gewesen zu tun hat. Die Natur eines Seienden und dessen Selbstvollzug bestimmen sich vom determinierenden Ursprung, von der unvordenklichen „Vergangenheit" her. Wird nun dieser Naturbegriff auf den Menschen angewandt, stellt sich theologisch folgende Frage: Wie verhält sich die durch ihr ursprüngliches Wesen definierte menschliche Natur zur Gnade Gottes, d. h. zu dem, über das gerade der Mensch in seinem Wesen nicht „immer schon" verfügt, sondern was frei auf ihn zukommt, dabei seine natürlichen Bedingungen geradezu sprengt und über sich hinaus ins absolut Unendliche hebt? Oder in festen theologischen Begriffen gefragt: Wie verhält sich die Natur des Menschen zum „Übernatürlichen", zu dem, was der Natur aus Gottes Freiheit und Güte weit über alles Maß geschenkt wird?

Wir wollen zu dieser Fragestellung die Überlegungen des Thomas von Aquin näher betrachten. Thomas übernimmt zwar im Zuge der damaligen Aristoteles-Rezeption auch die aristotelische Natur-Ontologie, aber für ihn ist der Mensch gerade nicht definiert durch abgeschlossene festliegende Wesensstrukturen, sondern er ist „definiert" durch seine Undefiniertheit, das heißt durch eine grenzenlose Offenheit: das Über-sich-hinaus-Sein des Menschen auf Gott hin. Weil der Mensch wesenhaft auf den unendlichen Gott bezogen ist, sprengt er alle Festlegungen und Begrenzungen („Definitionen"). So ist die letzte Wahrheit über den Menschen die, daß er auf das Geheimnis des unendlichen Gottes bezogen und somit selbst Geheimnis ist. Diesen in der Menschennatur gegebenen Wesensbezug auf Gott hin bezeichnet Thomas als das „desiderium naturale in visionem beatificam", das heißt: zum Wesen, zur Natur des Menschen gehört das Verlangen nach engster Gottesgemeinschaft, thomanisch ausgedrückt, nach „beseligender Gottesschau" als der letzten Erfüllung des menschlichen Unendlichkeitsdranges. Das besagt aber mit anderen Worten: die Natur des Menschen ist für Thomas offen, ja hingeordnet auf etwas, das sie sich selbst nicht geben kann. Gottesgemeinschaft vermag allein Gott selbst in reiner, freiester Güte dem Menschen zu schenken. Deswegen kann die menschliche Natur ihre Erfüllung nur finden, indem sie gnadenhaft über sich selbst hinaus („übernatürlich") von Gott ergriffen wird. Vollendung der menschlichen Natur ist also reine Gnade; der Mensch ist Potentialität, das heißt Offensein dafür, daß Gott ihm solche Gnade schenkt – Gnade nicht nur als letzte Erfüllung seines Sehnens, sondern auch schon als Befähigung, den Weg zu solchem Ziel zu gehen. So steht die menschliche Natur in einem Prozeß übernatürlicher Gnade, der hinführt auf engste Gottes- und Christusgemeinschaft.

Das Gesagte darf aber nicht mißverstanden werden. Das „Übernatürliche" ist für Thomas kein zusätzliches, der Natur äußerlich bleibendes Ornament, gleichsam ein zweites Stockwerk über dem ersten der Natur, vielmehr bringt das „Übernatürliche" (= die begnadigende Liebe Gottes) die menschliche Natur überhaupt erst zur letzten und eigentlichen Erfüllung. Nur durch *übernatürliche* Gnade kommt der Mensch in seiner *Natur* zur Vollendung. Das thomanische Axiom: „Gratia supponit naturam et perficit illam" – „Die Gnade setzt die Natur voraus und bringt sie zur Vollendung" – ist gleichsam eine Kurzformel für diesen Sachverhalt[31]. So gibt es für Thomas nur ein Ziel des Menschen: die Gottes- und Christusgemeinschaft. Obzwar der Mensch auf dieses Ziel hin angelegt und dafür offen ist, übersteigt es ihn so, daß es schlechthin übernatürlich ist, d. h., daß es dem Menschen von Gott

[31] Vgl. dazu *B. Stoeckle*, „Gratia supponit naturam". Geschichte und Analyse eines theologischen Axioms (Rom 1962) (Lit.).

her geschenkhaft zukommen muß. In sich selbst findet die Natur keine in sich abgerundete Sinngestalt. Das Übernatürliche ist somit für Thomas keine in sich subsistierende Ordnung (der Begriff Übernatur kommt bei Thomas nicht vor), sondern „das Übernatürliche" ist jene geschichtliche Bestimmung der menschlichen Natur, daß sie durch Gott gnadenhaft zur Vollendung geführt wird. Wenn aber die Sinnerfüllung des Menschen nur durch die Gnade möglich ist, wenn das mit dem Menschen gegebene Sehnen nach unendlicher Erfüllung in Gott nur durch die „übernatürliche Gnade" gestillt wird – ist dann die Gnade nicht notwendig, hat dann der Mensch nicht Anspruch auf die Gnade, da er ohne sie ja Bruchstück, Fragment, ewig unerfüllt bleiben würde?

Diese Fragen fänden bei Thomas ein schroffes Nein. Denn für ihn begründet nicht das in sich stehende natürliche Verlangen des Menschen einen Anspruch des Menschen auf Gottes Gnade, sondern eben dieses Verlangen des Menschen, seine Offenheit für die Gnade, ist bereits die Voraus-Setzung der Gnade. Es entsteht dadurch, daß der Mensch von Gott in Anspruch genommen wird. Es ist also nicht eine in sich stehende Natur, welche die Gnade „fordert", sondern die Gnade, besser Gott, der sich dem Menschen in freier Güte restlos mitteilen will, setzt die Natur und ihr Sehnen und Verlangen voraus, um sie zu beschenken. Thomas denkt also nicht von einer in sich stehenden menschlichen Natur her, so daß sich die Frage stellt: Was hat diese zur Vollendung nötig, sondern Ausgangspunkt ist der Gnadenwille Gottes, welcher die menschliche Natur als seine eigene Voraussetzung setzt.

Die Lösung, die Thomas für das Problem des Verhältnisses Natur und Gnade fand, geriet in der Folgezeit in eine tiefgehende Krise. In der Neuzeit bildet sich nämlich ein neuer Naturbegriff heraus: Natur wird nicht mehr – wie noch bei Thomas – von Gott her gedacht, sondern als das, was der Mensch zu eigen besitzt, als eine in sich stehende, selbst-ständige Gegebenheit, die über bestimmte Vermögen und Sinnziele verfügt. Natur wird so als ein in sich geschlossenes Sinngefüge betrachtet, nicht als Voraus-Setzung des über die Natur hinausweisenden Gnadenwirkens

Gottes. Von solchen Prämissen her kommt aber Gnade (das heißt konkret: die Christus- und Gottesgemeinschaft und der Weg dorthin) in Gefahr, zu etwas zu werden, was einer in sich geschlossenen Natur noch hinzugefügt, „hinzuaddiert“ wird. Gnade wird zu einer Art Überwelt, zu einem zweiten Stockwerk, das einer in sich konsistenten Natur gleichsam aufgepfropft wird.

Die thomanische Lösung geriet aber auch noch von einer anderen Richtung her in die Krise: Gegenüber Humanismus, Renaissance und Aufklärung, neuzeitlichen Bewegungen, die je auf ihre Weise den Menschen und sein Können und Vermögen in den Vordergrund stellten, suchten christliche Theologen verschiedener Provenienz gerade die Ohnmacht und Verlorenheit des sich selbst bestimmen wollenden Menschen hervorzuheben. Sie griffen dabei mehr oder minder bewußt auf Augustinus und dessen düstere Aussagen über den sündigen, nichtbegnadeten Menschen zurück. Im Anschluß an ihn formulierten sie, daß der Mensch auf Grund seiner (verderbten) Natur unfähig ist für das Gute. Alles, was im Menschen richtig, gelungen und zielführend ist, verdankt sich allein der Gnade. Während aber Augustinus in solchen und ähnlichen Äußerungen mit menschlicher Natur nicht eine abstrakte (aristotelische) Wesensnatur, sondern den konkreten Menschen meinte, der so wie er ist, ohne Gnade, verlorengeht, mußte der Rückgriff auf Augustin unter dem gewandelten Verstehenshorizont der Neuzeit zwangsläufig zu erheblichen Fehlverständnissen führen: Wenn der Mensch in seiner (Wesens-)Natur ohne Gnade total ohnmächtig, verloren, korrupt ist, dann bedarf er *wesensnotwendig* der Gnade, um überhaupt als Mensch existieren zu können. Gnade wird zur conditio sine qua non für Menschsein. Damit aber wird sie dem Menschen geschuldet und so gerade als menschliches Wesensbedürfnis „naturalisiert“. Vorbei ist es mit der Freiheit des gnädigen Gottes, mit dem Geschenkcharakter seines Handelns. Deshalb hat sich das kirchliche Lehramt zu Recht gegen solche theologische Meinungen ausgesprochen, wie sie – je verschieden akzentuiert – von den Reformatoren, von einer Reihe Löwener Theologen des 16. Jahrhunderts (Michael Baius) und dem sogenannten Jansenismus des 17. Jahrhunderts vertreten wurden. Leitmotiv der lehramtlichen Zurückweisung dieser Theologen war die Überzeugung von der völligen Ungeschuldetheit und Freiheit der Gnade. Gnade „darf" nicht in den Wesensbesitz des Menschen kommen, dann wäre Gnade nicht mehr Gnade.

Indem man aber die theologischen Gegenmeinungen zurückwies, griff man nicht, konnte man wohl auch nicht auf die thomanische Lösung des Natur-Gnade-Verständnisses zurückgreifen, sondern man entwickelte, ausgehend vom neuzeitlichen Naturverständnis, in der Barockscholastik die Lehre von einer zweifachen Ordnung. Auf der einen Seite – so lehrte man – gibt es die „reine" Menschennatur. In ihr sind dem Menschen bestimmte Fähigkeiten gegeben, mit welchen er als Mensch zu leben vermag. Kraft seiner Natur ist er auf ein rein natürliches Ziel, auf eine „natürliche" Glückseligkeit hingeordnet. So gibt es eine in sich gefügte und in sich selbst Sinngestalt aufweisende Naturordnung. *Daneben* und darüber hinaus gibt es eine von Gott her frei und ungeschuldet geschenkte Ordnung der Gnade. Kraft ihrer ist der Mensch auf ein übernatürliches Ziel, nämlich auf die unmittelbare Gottesgemeinschaft hingeordnet, und erhält auf dem Weg dahin gnadenhafte Fähigkeiten. Beide „Ordnungen" sind strikt voneinander differenziert, so daß der berühmte Theologe Matthias Joseph Scheeben im 19. Jahrhundert sagen konnte, es gäbe „zwei von Grund aus verschiedene und übereinanderstehende Ordnungen unserer geistigen Tätigkeit ..., die gar nichts miteinander gemein haben".[32] Während sich bei Scheeben aber auch noch anders artikulierte Aussagen über die Verhältnisbestimmung von Natur und Gnade finden, bemerkt Johann Baptist Stufler[33] sehr radikal: „Ist die menschliche Natur nicht ein in sich Abgeschlossenes und Fertiges ..., dann ist die Gnade ein debitum und hört auf, Gnade zu sein. Die menschliche Natur in sich be-

[32] *M. J. Scheeben,* Natur und Gnade (Freiburg i. Br. ³1941) 9.
[33] Die zwei Wege der neueren Theologie, in: ZKTh 50 (1926) 329.

trachtet, *verlangt nicht* nach der Gnade, schließt sie aber auch nicht aus, sondern verhält sich zu ihr *indifferent und neutral.*" Beide Ordnungen, die der Natur und der Gnade, bestehen also gleichsam in sich. Gnade kommt rein äußerlich der menschlichen Wesensnatur, die schon in sich selbst Sinngestalt hat, hinzu (Gnadenextrinsezismus!)[34].

Mit dieser Lösung war man meilenweit von der hochmittelalterlichen Theologie entfernt. Für Thomas gibt es nicht zwei Ordnungen und zwei Ziele des Menschen, sondern ein einziges Ziel, die Gemeinschaft mit Gott, die nur möglich ist, wenn Gott sich selbst in seiner Gnade dem Menschen schenkt. Indem Gott dies aber tut, nimmt er die Natur des Menschen in Anspruch, greift er die natürlichen menschlichen Fähigkeiten auf und bringt so den Menschen zur Erfüllung. So ist die Gnade auf die Natur hingeordnet. Spätestens seit der Spätscholastik aber erscheint das Verhältnis von Natur und Gnade unter dem Bild von zwei Stockwerken, die relativ unverbunden übereinander gebaut sind. Es wird nicht mehr klar, daß die Gnade die Erfüllung des tiefsten menschlichen Verlangens ist, vielmehr wird dem Menschen im Glauben ein Überstieg von seiner natürlichen Welt in die übernatürliche Welt Gottes zugemutet. Im Extremfall erscheint die Gnade als entbehrliches Ornament für den Menschen, um diesen auf eine höhere Stufe, nämlich auf die Christus- und Gottesgemeinschaft, zu stellen. Es ist nicht von ungefähr, daß im Gefolge dieser theologischen Meinungen zum erstenmal der Begriff „Übernatur" (statt früher: „das Übernatürliche") erscheint. Gnade aber, die ein rein äußerer Zusatz zur natürlichen Ordnung ist, gleichsam ein zweites Stockwerk, ein schönes Ornament, vermag nicht mehr die konkrete Wirklichkeit des Menschen und seiner Welt zu prägen, sie bleibt abstrakt und ist jederzeit in Gefahr, als äußerer Zusatz abgeworfen zu werden. Eine Gnadenkonzeption, die nicht mehr deutlich machen kann, daß Gnade etwas ist, was den Menschen

[34] Auf die verheerenden daraus resultierenden Folgen für die christliche Spiritualität und Lebenspraxis sei hier nur hingewiesen.

zutiefst zu sich selbst befreit, und zu seiner Selbstfindung und Sinnfindung verhilft, steht Pate zu ihrer eigenen Aufhebung. So ist es wohl kein Zufall, daß indirekt die barock- und neuscholastische Konzeption an der modernen Säkularisation des Menschen Mitschuld trägt.

Gleichwohl darf auch nicht das legitime Anliegen der genannten theologischen Richtungen übersehen werden. Es ging darum, sowohl die Freiheit Gottes und die Ungeschuldetheit der Gnade zu wahren als auch die Freiheit des Menschen vor der Gnade zum Ausdruck zu bringen. Der Mensch kann kraft seiner Freiheit, die ihm von Natur aus zukommt, die Gnade zurückweisen und doch als „Mensch" weiterexistieren. Gnade gehört nicht zum Wesen des Menschen.

Es würde zu weit führen, die vielgestaltige theologische Diskussion der neueren Zeit zum Verhältnis Natur und Gnade nachzuzeichnen. Pauschal läßt sich sagen, daß man, zumal in den letzten Jahren, wieder aufs neue auf Thomas von Aquin zurückgreift und versucht, seine Zuordnung von Natur und Gnade im Horizont heutigen personalen Denkens zu formulieren. Wir dürfen mit einer Reihe gegenwärtiger Theologen davon ausgehen, daß Gott jeden Menschen zur engsten Gemeinschaft mit sich beruft. Dieser allgemeine „übernatürliche" Heilswille Gottes verbleibt aber nicht ein äußeres Dekret über der Menschheit. Vielmehr hat dieser Heilswille Gottes („ungeschaffene Gnade") – eben weil Gottes Wille schöpferisch ist – notwendig seine Wirkung an und im Menschen („geschaffene Gnade"). Gottes Heilswille wird somit zur Wirklichkeit meiner Existenz. So *hat* im eigentlichen Sinn jeder Mensch nicht nur eine übernatürliche gnadenhafte Berufung, sondern er *ist* in seinem tiefsten Wesen ein gnadenhaft Berufener. Eben deswegen gibt es im Grund keine „Natur", die nicht immer schon umfangen und innerlich geprägt wäre vom Wirken des begnadenden Gottes. Der Mensch ist in seinem Wesen angesprochen von der Liebe Gottes und ist unruhig, bis er in Gott diese seine Erfüllung findet. Weil der Mensch immer schon in einer Gnadenordnung steht, ist die Fragestellung der Barock- und Neuscholasstik, was denn ist, wenn die Gnade nicht gewährt wird, eine abstrakte, lebensferne Frage. Wenn der Mensch sich nach Erfüllung in Gott sehnt, so ist diese Sehnsucht bereits erste Frucht der Gnade. Und entsprechend wird die letzte Erfüllung der menschlichen Sehnsucht nicht als notwendig, sondern als Gnade, als Geschenk erwartet. Wie im zwischenmenschlichen Bereich der Mensch wesensmäßig auf die Liebe angelegt ist und nur durch sie die Erfüllung seines Menschseins findet, aber doch keiner ein „Recht" auf Liebe hat – Liebe ist nicht einklagbar, sie ist nur Liebe, wenn sie freies Geschenk des anderen ist und bleibt –, so ist auch die Gnade Gottes auf der einen Seite das dem Menschen Notwendige, auf der anderen Seite aber nur dann das Not-Wendende, wenn sie ganz frei ist, wenn sie Geschenk der Liebe ist.

Ergebnis: Für das Verhältnis von Natur und Gnade kommen uns – wie wir gesehen haben – aus der Theologiegeschichte zwei Extremlösungen entgegen: Auf der einen Seite gab es die Tendenz, die Gnade so sehr auf die Natur des Menschen zu beziehen, daß sie faktisch nicht mehr als besondere Liebe und Zuneigung Gottes, sondern als wesensnotwendig erfahren wird. Damit ist nicht nur die Freiheit Gottes betroffen, sondern auch die Freiheit des Menschen: denn wenn Gnade notwendig ist, kann dieser ja nicht mehr in Freiheit dazu ja oder nein sagen[35]. Und schließlich: wird Gnade zu einem Wesensbestandteil der Natur, so muß folgerichtig die totale Korruption des Menschen erklärt werden, falls dieser durch seine Schuld zur Gnade nein sagt. Das sind die Konsequenzen der ersten Extremlösung.

Die zweite Extremlösung beharrt auf einer absoluten Trennung oder ursprünglichen Beziehungslosigkeit von Natur und Gnade. Gnade kommt einer in sich geschlossenen und darum ein in sich

[35] Im übrigen führt die „Naturalisierung" der Gnade in letzter Konsequenz auch zur Unselbständigkeit aller schöpfungsmäßig gegebenen Lebensbereiche. Wenn Gnade zur Natur gehört, dann ist alles Gnade und alles in letzter Zuspitzung „heilsrelevant". Es gibt dann keine relative Autonomie von Wirklichkeitsbereichen mehr; alles wird gleichsam „theologisiert". So führt die wesensnotwendige Beziehung oder gar Identifikation von Natur und Gnade letztlich auch zu einem ekklesialen Integralismus.

sinnvolles Gefüge darstellenden Natur rein äußerlich hinzu. Zwar erscheint von einem solchen Verständnis her die Ungeschuldetheit der Gnade und damit die Freiheit Gottes und des Menschen in vollem Licht. Aber es wird nicht mehr deutlich, wie das übernatürliche Heil die Wirklichkeit des Menschen zutiefst erfaßt. Der Mensch erscheint nicht mehr als dasjenige Wesen, das unausweichlich auf die Selbstmitteilung Gottes in Jesus Christus bezogen ist. Gnade erscheint als eine Art entbehrlicher Überbau.

Gegenüber diesen beiden Extremlösungen betonen die großen klassischen Theologen und Theologien die gegenseitige Bezogenheit von Natur und Gnade. Natur ist auf Gnade aus, steht in einem Prozeß der Begnadung und findet nur durch die Gnade ihre Erfüllung. Gnade aber setzt die menschliche Natur als ihren Anfang, gleichsam als einen „Hohlraum" voraus, in den hinein Gott selbst sich mitteilen kann. Deswegen hat die Unterscheidung von Natur und Gnade durchaus einen Sinn. Solche Unterscheidung darf jedoch nicht dazu führen, in der konkreten Wirklichkeit, in der wir stehen, zwei Ordnungen zu unterscheiden. In gewisser Weise trifft durchaus zu: „Alles ist Gnade" (Georges Bernanos). Denn alles entspringt der freien Huld Gottes, die uns zur Gemeinschaft mit sich führen will. Nicht von ungefähr vermeidet darum das Zweite Vatikanische Konzil die Begriffe „natürlich" und „übernatürlich", „Natur" und „Gnade". Vielmehr spricht das Zweite Vatikanum vom konkreten Menschen, und das ist der Mensch, der immer schon dazu berufen ist, aus Gnade zu lieben und in der Liebe am Leben Gottes teilzunehmen.

c) „Heiligmachende" und „helfende" Gnade

Wir sahen bereits, wie für Augustin die Gnade absolut allmächtig, souverän, unfehlbar ist. Ohne menschliches Zutun befreit Gott den Sünder von seiner fehlgelaufenen Vergangenheit, schenkt ihm die wahre Liebe, macht ihn zu seinem Freund und setzt ihn auf den Weg des Heils. Die Souveränität der Gnade ist so groß, daß man fragen kann, wie bei Augustin überhaupt noch die Freiheit des

Menschen ins Spiel kommen kann. Schon der Semipelagianismus war ein Versuch, im Gnadengeschehen Raum für menschliches Mittun zu erhalten. Die Frage nach der Bedeutung des menschlichen Faktors im Gnadengeschehen, genauer die Frage nach Umfang und Bedeutung der menschlichen Freiheit, mußte sich im Lauf der Entwicklung um so schärfer stellen, als im Hochmittelalter durch die Aufnahme aristotelischer Philosophie sehr viel genauer nach dem Wesen und Umfang des menschlichen Könnens gefragt wurde (S. 62). Wenn Augustin von der Natur des Menschen spricht, meint er den *konkreten Menschen*, der ohne Gnade unter der Macht der Sünde steht und deshalb zur wahren Liebe unfähig ist. Da nun aber unter dem Einfluß aristotelischer Philosophie Natur als *neutraler Wesensbegriff* verstanden wird, entsteht eine neue Frage: Was gehört zu dieser „neutralen" Wesensbestimmung „Mensch", welches Können und Vermögen, unabhängig davon, ob der Mensch unter der Sünde oder unter der Gnade steht? Zweifellos gehört zum Wesen Mensch, daß er Willensfreiheit besitzt, daß er Verstand und Strebekraft in sich hat. Freilich, Verstand, Wille, Freiheit reichen nicht so weit, daß er sich selbst erlösen kann: das war ja bereits im pelagianischen Streit entschieden worden; er selbst kann sich nicht zur Gottes- und Nächstenliebe bestimmen. Aber wieweit reichen dann die Fähigkeiten des Menschen?

In diesem Fragekontext entwickelte sich im Mittelalter die Lehre von den sogenannten *Dispositionen*. Zwar kann der Mensch die Gnade nicht verdienen, erst recht kann er sie nicht durch seine Leistung ersetzen, er kann sich jedoch auf die Gnade vorbereiten, „disponieren". Was aber heißt Vorbereitung? In der mittelalterlichen Theologie war ein Prinzip sehr verbreitet: „Dem, der tut, was an ihm liegt, verweigert Gott seine Gnade nicht." Dieses Prinzip ist recht zweideutig; man kann es semipelagianisch verstehen, in dem Sinn nämlich, daß der Mensch in seiner Freiheit anfängt – der Mensch tut, was er kann –, dann aber Gott unweigerlich seine Gnade schenkt. Dieses Prinzip kann aber auch verstanden werden als Ausdruck von Erwartung, Hoffnung und vertrauensvoller Zuversicht: Wenn man das tut, was man kann, dann darf man es auch Gott zutrauen, daß dieser seine Gnade schenkt. Erst bei Thomas von Aquin – und dies auch erst in der späteren Entwicklung seiner Theologie – wächst deutlicher eine neue Einsicht heran, die bei den Theologen vorher zwar nicht völlig fehlte, aber doch recht unklar blieb: Wenn der Mensch sich auf die Gnade vorbereitet, wenn er also tut, was er kann, dann handelt er nicht in der Kraft seiner eigenen Freiheit, die der Gnade Gottes vorausgeht, vielmehr steht das Sich-Bereiten des Menschen auf die Gnade selbst schon unter ihrem Einfluß, ist selbst „Gnade". Freilich ist diese die Vorbereitung des Menschen befähigende Gnade noch nicht das, was heiligmachende Gnade heißt: die bleibende (habituelle) innere Prägung durch die Liebe Gottes und das Leben aus dieser Liebe heraus, sondern die Gnade der Disposition besteht in aktuellen Hilfen, mit denen Gott der Freiheit des Menschen beisteht, damit dieser sich bereiten und offenhalten kann, die Liebe Gottes aufzunehmen und ihr zu antworten. Hinter dem Gedanken einer gnadenhaften Disposition des Menschen für die Gnade steht mithin die Absicht, deutlich aufzuzeigen, daß der Mensch im Gnadengeschehen einen wirklichen persönlichen Frei-Raum hat, in welchem er mit der Gnade „mitwirken" kann. Deshalb wird diese Gnade in der Folgezeit auch näherhin charakterisiert als gratia cooperans, also als eine Gnade, die mit der Freiheit des Menschen helfend zusammenwirkt (= *„helfende Gnade"*). Nach dem Konzil von Trient wird diese Gnade als Gegenbegriff zur habituellen heiligmachenden Gnade auch häufig *aktuelle* Gnade genannt. Diese wirkt also mit der Freiheit des Menschen mit und disponiert ihn auf den Empfang der heiligmachenden Gnade.

Offen bleibt jedoch bis zur Zeit des Trienter Konzils, ob und inwieweit diese helfende Gnade zusammenfällt mit dem „allgemeinen" göttlichen Schöpfungshandeln, kraft dessen Gott die Welt im Dasein erhält. Ist die helfende Gnade nur ein Aspekt der „creatio continua", des dauernden die Welt im Sein erhaltenden Wirkens Gottes, ist sie also nur eine besondere Gestalt der allgemeinen Vorsehung Gottes, oder ist sie bereits die spezifische Äußerung seines gütigen, gnädigen Willens, mit dem er den Menschen zum „übernatürlichen" Heil, also zur von ihm nicht erreichbaren Vollendung und Erfüllung seines Wesens führt? Man sieht deutlich, wie diese für uns heute so abstrakt erscheinende Fragestellung das neuerwachte Problem des Verhältnisses von Natur und Gnade zur Voraussetzung hat: Was „leistet" die Natur des Menschen, was die Gnade Gottes?

Diese Frage konnte jedoch in der Zeit vor dem Trienter Konzil noch nicht eindeutig entschieden werden, weil der Unterschied zwischen „natürlich" und „übernatürlich" noch nicht klar genug erarbeitet war. Da somit die Frage teils unentschieden blieb, teils so oder anders beantwortet wurde, konnten einige spätscholastische Theologen durchaus die Meinung vertreten, der rein „natürliche" Mensch, also der Mensch, der allein unter dem Schöpfungs- und Vorsehungshandeln Gottes steht, könne sich mit seiner Freiheit auf die Gnade vorbereiten, ja sich die Gnade gleichsam „erarbeiten". Dadurch aber drohte das gesamte Gefälle im Heilsprozeß sich umzukehren. Nicht Gott, sondern der sich disponierende, sich selbst leistende Mensch erhält dann die Initiative im Heilsprozeß. Von hier aus wird der Ansatz des reformatorischen Protestes verständlich.

4. Die Rechtfertigungsgnade nach dem Trienter Konzil

Die Reformatoren sahen in der Lehre von der Disposition des Menschen auf die Gnade – nicht ganz zu Unrecht, wenn man einzelne spätmittelalterliche Erklärer betrachtet – die Gefahr eines wiederauflebenden Pelagianismus. Dagegen stellten sie ihre extreme These, daß der sündige Mensch seine Freiheit total verloren hat. Der menschliche Wille ist geknechtet und zu nichts anderem mehr fähig als zur Sünde. In der katholischen Lehre sahen sie ein zu großes Zugeständnis an die moderne Geistesrichtung des Humanismus und der Renaissance, welche den Menschen in den

Vordergrund stellen. Wurde hier das Grunddilemma der westlichen Gnadenlehre – Gott oder Mensch – zugunsten des Menschen aufgelöst, so betonen die Reformatoren die absolute Priorität Gottes. Im Anschluß und in Überbietung Augustins wollten sie gerade die Souveränität Gottes und die *absolute* Unverfügbarkeit seiner Gnade wieder ins rechte Bild setzen. Dabei kamen sie aber ihrerseits zu einer anderen Extremlösung, indem sie im Dilemma „Gott oder Mensch" den Menschen weitgehend strichen und demgegenüber das „Deus solus" – „Gott allein" – herausstellten. Der Mensch vermag nichts aus sich selbst, alles ist Gnade. Diese Gnade ist so souverän, so sehr göttlich gedacht, daß sie keinerlei Wirkung im Menschen selbst hat. Sie verändert nicht den Menschen selbst, sondern sie ist die neue Beziehung, in die sich Gott zu uns setzt. Damit war die traditionelle Lehre von einer „geschaffenen Gnade", das heißt von einer den Menschen selbst ergreifenden und prägenden Wirkung der göttlichen Liebe abgelehnt. Gott macht den Menschen zwar „richtig" – im theologischen Fachterminus gesagt: er rechtfertigt den Sünder. Aber die Reformatoren sahen in der Lehre von der inneren Umformung des Sünders zu einem „neuen Geschöpf" die Gefahr, daß die Gnade Gottes in den Besitz und die Verfügungsgewalt des Menschen kommt und damit die Freiheit und absolute Souveränität Gottes beeinträchtigt. Darum besteht die „Rechtfertigung" des Menschen durch Gott ausschließlich in seinem neuen Verhalten zum Menschen.

Das Konzil von Trient stellt in einem seiner wichtigsten Dokumente, dem Rechtfertigungsdekret, die katholische Lehre dezidiert gegen die reformatorische[36]. Freilich, im entscheidendsten Punkt geht Trient mit der reformatorischen Theologie einig: Es gibt keine Selbsterlösung des Menschen; allein durch Gottes Gnade kommt der Mensch zum Heil: „Wer behauptet, daß der Mensch durch seine Werke, die durch die Kräfte der menschlichen

[36] Eine der besten Interpretationen des Trienter Rechtfertigungsdekrets findet man immer noch bei *H. Küng,* Rechtfertigung (Einsiedeln 1957).

Natur ... vollbracht werden, ohne die göttliche Gnade, die da ist, durch Jesus Christus vor Gott gerechtfertigt werden könne, der sei ausgeschlossen.“ [37] Gegen die Bestreitung seitens der Reformatoren besteht Trient aber auf zwei wesentlichen Aussagen zur Gnadenlehre:

a) Der Heilsprozeß, welcher der gnädigen Souveränität Gottes entspringt, läßt den Menschen nicht passiv sein, sondern befreit ihn dazu, den Weg zum Heil mitzugehen. Die Freiheit des Menschen ist darum nicht total erloschen, sondern gerade der Anknüpfungspunkt für Gottes Gnadenhandeln, auf daß der Mensch die Möglichkeit zum Mitwirken mit der Gnade hat. Dieses freie Mitwirken des Menschen aber geschieht nicht aus eigener Autonomie, sondern ist gehalten durch die „zuvorkommende Gnade Gottes durch Jesus Christus“, „durch seine weckende und helfende Gnade“[38].

b) Die heiligmachende Gnade (die Rechtfertigungsgnade) besteht in einem wirklichen „Effekt“ im Geschöpf, das heißt: durch Gottes Gnade wird der Mensch in seiner menschlichen Wirklichkeit betroffen: Vom Sünder wird er zum Kind Gottes, befähigt zur Liebe, „richtig“ vor Gott, er erhält ein neues Vermögen, um – biblisch gesagt – Frucht zu bringen und darin seinem Heil entgegenzuwachsen. Die Gnade ist also nicht nur ein Verhalten Gottes (ungeschaffene Gnade), sondern sie kommt beim Menschen an, sie ist eine Wirklichkeit am Menschen: geschaffene Gnade [39].

So war der Kampf zwischen reformatorischer und katholischer Theologie wesentlich ein Kampf um die Gnadenlehre. Hier sind bis heute wichtige konfessionelle Kontroverspunkte gegeben. Bis vor nicht allzu langer Zeit stellte man diese Kontroverspunkte wohl folgendermaßen einander gegenüber:

(1) Die Reformatoren betonen die völlige Verderbnis der menschlichen Natur; Trient besteht auf einer noch verbleibenden Freiheit im Menschen.

[37] NR 819.
[38] NR 795. – Vgl. auch NR 822.
[39] Vgl. NR 794, 798ff, 829.

(2) Luther lehrt die völlige Passivität des Menschen gegenüber der rechtfertigenden Gnade Gottes; Trient lehrt die vorbereitende Mitwirkung des Menschen auf die Gnade.

(3) Während bei den Reformatoren das Rechtfertigungsgeschehen ganz auf Seiten Gottes bleibt, spricht Trient von der inneren Erneuerung des Menschen.

(4) Während bei den „Neuerern" die guten Werke des Menschen nur Frucht der Gnade sind, lehrt Trient darüber hinaus die Verdienstlichkeit der Werke in bezug auf das Heil des Menschen.

Summa: Besteht die Reformation auf dem „Gott allein", so betont Trient den Eigenstand des Menschen als Person und verantwortliches Gegenüber Gottes. Nicht als ob der Mensch etwas *gegen* Gott vermöchte, wohl aber, daß Gnade die Freiheit des Menschen voraussetzt und dieses freie Vermögen unterstützt und erhält.

Stellt man die Lehrpunkte, die zwischen katholischer und reformatorischer Lehre strittig sind, in dieser Weise einander gegenüber, wie es jahrhundertelang getan wurde, so scheint der Graben zwischen beiden Positionen unüberbrückbar zu sein. Aber gerade die letzten Jahre haben als Frucht eines vielgestaltigen ökumenischen Gespräches gezeigt, daß diese Gegenüberstellung viel zu undifferenziert und darum fragwürdig ist. Heute erkennt man deutlicher, daß hinter den verschiedenen Aussageweisen verschiedene Denkformen, Akzente und Interessen stehen, die nicht *unbedingt* (!) einander ausschließen müssen. Will man nämlich z.B. den Gegensatz zwischen Luther und Trient recht verstehen, muß man sehen, daß beide theologischen Positionen in einem gegenläufigen polemischen Kontext stehen und somit zwei verschiedene theologische Interessen pointiert und akzentuiert zum Ausdruck bringen.

Luther wollte zweierlei:

a) Er will gegen die „Werkerei", wie er es nennt, also gegen das in der damaligen Kirche verbreitete religiöse Leistungsdenken und -streben und gegen alle Versuche, sich durch religiöse Praktiken und Frömmigkeitsübungen vor Gott abzusichern, das „sola gratia" zur Geltung bringen;

b) (damit verbunden) will er das Heil des sündigen Menschen allein in Gott und nicht (auch) auf den Menschen gründen. Eben darum stellt Luther die Ohnmacht und Passivität des Menschen und die Macht und Souveränität Gottes pointiert polemisch heraus und einander gegenüber.

Völlig entgegengesetzt ist die Interessenlage und polemische Ausrichtung von Trient. Kein Konzil lehrt ja die ganze integrale katholische Lehre; jede Kirchenversammlung wie jedes Dogma visiert vielmehr eine konkrete Situation und darum oft konkrete Gegner an, spricht damit in eine ganz bestimmte Richtung und bringt darum auch nur ganz bestimmte Fragmente des katholischen Glaubens zum Ausdruck, zumeist jene, die vom Gegner geleugnet oder unterbewertet werden. Dieser allgemein geltende Sachverhalt ist auch besonders zur Interpretation des Trienter Rechtfertigungsdekrets zu bedenken. Im Proömium dieses Dekrets (NR 790) wird ausdrücklich hervorgehoben, daß das Motiv der Darlegung des Rechtfertigungsglaubens die Darstellung der katholischen Lehre *unter den Bedingungen der vordringenden Häresie* ist. So ist es nicht verwunderlich, daß das Trienter Dekret eine gewisse Anthropozentrik zeigt. Das heißt: gegenüber der fast exklusiven Theozentrik der lutherischen Rechtfertigungslehre hebt das Konzil hervor, daß der *Mensch* wirklich gerecht wird: in der Sünde ist nicht einfach seine Geschöpflichkeit verlorengegangen, darum geht auch die Gnade nicht ins Leere, vielmehr löst sie die Mitwirkung des Menschen aus und formt ihn innerlich um.

Freilich steht dieses Mitwirken auch für Trient unter dem Primat und der absoluten Initiative des Gnadenhandelns Gottes. Deswegen haben nicht zu Unrecht in letzter Zeit auch evangelische Theologen gefragt, ob es überhaupt zur Reformation gekommen wäre, hätte ein Dokument wie das Rechtfertigungsdekret des Trienter Konzils bereits einige Jahre früher vorgelegen. Wie immer es damit bestellt sei: daß Trient trotz aller gegenläufigen Akzente das Anliegen Luthers vom Primat der Gnade aufgegriffen und zur Geltung gebracht hat, kann schlechterdings nicht bezweifelt werden. Aber eben diese Grundperspektive ging in der konfessionellen Polemik der folgenden Jahrzehnte und Jahrhunderte ein gutes Stück weit unter. Man verbiß sich in Einzelfragen, statt das Gemeinsame, nämlich das Bekenntnis zum Primat der Gnade Gottes zu sehen. Es brauchte offenbar den Abstand der Geschichte, um die polemischen Engführungen und Verkürzungen auf beiden Seiten zu erkennen, um eben festzustellen, daß Luther neben dem Primat der Gnade auch den betroffenen Menschen sieht und daß Trient alles das, was es über den begnadeten Menschen sagt, unter der Voraussetzung des souveränen Gnadenhandelns Gottes betrachtet. Deshalb braucht zwischen evangelischer und katholischer Theologie durchaus nicht mehr ein unüberbrückbarer und vor allem ein kirchentrennender Graben gesehen zu werden. Zwar decken sich auch heute noch die Auffassungen beider Kirchen nicht völlig miteinander, aber sie sind nach Meinung vieler Theologen füreinander offen[40]. Ja, oft verhalten sie sich komplementär zueinander. Daß es gerade in dieser Frage notwendig so etwas wie eine Komplementarität der Aspekte gibt, liegt in der Sachlage selbst beschlossen.

Zumal in der Rechtfertigungslehre – nicht nur hier, aber hier besonders – kommen die verschiedensten Aspekte zusammen, die zunächst in einer gewissen Paradoxalität, also Widersprüchlichkeit, zueinander stehen und doch zusammengehören[41]: Die Rechtfertigung geschieht allein aus Gnade – aber nicht ohne den Menschen. Allein der Glaube rechtfertigt – aber der echte Glaube ist nie ohne gute Werke. Die Rechtfertigung ist ein einmaliges Ereignis – und zugleich ein lebenslanger Prozeß. Wir sind vor Got ganz gerecht – und verwirklichen dies im Leben doch nur teilweise. Gottes Gnade ist seine liebende Zuwendung zum Menschen – und zugleich Gabe Gottes an ihn. Vor Gott kann der

[40] Vgl. dazu vor allem *H. Küng,* a. a. O. (s. o. Anm. 36); *O. H. Pesch,* Die Theologie der Rechtfertigung bei Martin Luther und Thomas von Aquin (Mainz 1967); *ders.,* Gottes Gnadenhandeln als Rechtfertigung des Menschen, in: MySal IV, 2, 831–920; Neues Glaubensbuch, hrsg. von J. Feiner u. L. Vischer (Freiburg i. Br. u. Zürich ²1973) 560–570 (H. Kühn); Evangelischer Erwachsenenkatechismus (Gütersloh 1975) 429ff.

[41] Vgl. dazu Evangelischer Erwachsenenkatechismus, 431.

Mensch nichts aufweisen – und dennoch redet das Neue Testament von Lohn. Genau im Zueinander dieser beiden Aspekte werden hüben und drüben die Akzente anders gesetzt, so aber, daß sich die beiderseitigen Akzentsetzungen nicht auszuschließen brauchen.

Die Einsicht in die verschiedenartigen Akzente, Sinnspitzen, Interessen in der Formulierung der Glaubenslehre sind in den letzten Jahren noch weiter vertieft worden, und zwar durch eine genauere Betrachtung der beiderseitigen „Denkformen" bzw. des jeweiligen formalen Denkhorizonts[42]. Otto Hermann Pesch kennzeichnet den Unterschied zwischen reformatorischem und katholischem Denken schlagwortartig mit den Begriffen existentielles Denken – sapientiales Denken[43]. In ähnlicher Richtung geht Heribert Mühlen[44], wenn er dem (aktualistisch-)personalen evangelischen Denken ein – zwar auch eminent personales, aber – sich in ontisch-dinghaften Kategorien ausdrückendes katholisches Denken gegenüberstellt. Pesch macht das, was er als existentielles Denken bezeichnet, an der Gebetssituation deutlich: „Es ist unmöglich, im Gebet vor Gott hinzutreten und zu sagen: Ich verdanke mein Heil dir *und* mir, dem, was du gewirkt hast, und dem, was ich gewirkt habe. In der confessio kann es nur heißen: Was ich habe, verdanke ich dir."[45] Im Gebet wird der Mensch immer sagen: Ich bin ein Sünder und bitte um deine vergebende Gnade, auch wenn er in der Hoffnung weiß, daß er in der Gnade Gottes steht. – Anders ist die sapientiale Denkform, wie Pesch sie nennt. Diese Denkform stellt sich *gleichsam* (!) objektivierend außerhalb des existentiellen Glaubensvollzugs, um der Wahrheit der Wirklichkeit, wie sie ist, und das heißt letztlich wie sie von Gott

[42] Zum Begriff der Denkform vgl. *J. B. Metz,* Christliche Anthropozentrik (München 1962) 30ff; *H. Mühlen,* Das Vorverständnis von Person und die evangelisch-katholische Differenz (Münster 1965) 16ff; *G. Greshake,* Auferstehung der Toten (Essen 1969) 27ff.
[43] Theologie der Rechtfertigung 935.
[44] A.a.O.
[45] *Pesch,* Theologie (s.o. Anm. 40) 939.

her und vor Gott ist, ansichtig zu werden. So betrachtet, stellt sich aber der Sachverhalt anders dar als in der aktuellen und existentiellen Erfahrung des Lebensvollzugs. Die objektivierende Reflexion auf das Verhältnis von Gott und Mensch zeigt, daß Gott in seinem Handeln den menschlichen Partner aus Gnade mitsetzt und mithandeln läßt, daß er wirklich den Menschen innerlich heiligt, um sich ihm zu schenken, auch wenn die menschliche Erfahrung dieses Heiligsein angesichts der bleibenden Ausgesetztheit in Sünde und Schwachheit nie als festen Besitz für sich reklamieren kann. So bezeichnen „existentiell“ und „sapiential“ zwei Denkstile, zwei Weisen der Wirklichkeitsbegegnung, die freilich nicht säuberlich voneinander zu dividieren sind, jedoch Akzente abgeben, die nicht völlig aufeinander reduziert werden können.

Betrachtet man diese verschiedenen Denkformen reformatorischer und katholischer Theologie, unter denen man offenbar auf die gleiche Sache zielt, so erklären sich die verschiedenen theologischen Aussagen wenigstens ein Stück weit von eben diesen verschiedenen Horizonten her. Das aber kann gerade bedeuten, daß man sich in Bezug auf die Sache durchaus nicht unbedingt in unauflösbaren Gegensätzen bewegt. Wir können diesen, für das ökumenische Gespräch äußerst wichtigen Sachverhalt hier nicht weiter verfolgen, sondern wollen – in Beschränkung auf unser Thema – nur nochmals nachdrücklich hervorheben, daß mit der Frontstellung gegen die Reformatoren die traditionelle katholische Gnadenlehre sehr deutlich betonte, daß es eine geschaffene Gnade als Wirkung der personalen Gnädigkeit Gottes gibt und daß neben der heiligmachenden Gnade helfende Gnaden anzunehmen sind, die den Menschen in seinem Freiheitsvollzug angesichts und unter der Gnade unterstützen.

5. Der sogenannte „Gnadenstreit"

a) Der Hintergrund

Um den sogenannten Gnadenstreit zu verstehen, muß man die nachtridentinische Entwicklung der katholischen Gnadenlehre in Betracht ziehen. Hier gäbe es viele Einzelheiten zu berichten, aber das Wichtigste läßt sich mit den Worten des bekannten katholischen Dogmengeschichtlers Piet Fransen so zusammenfassen: „Für die katholische Kirche bedeuten diese drei Jahrhunderte [nach dem Tridentinum] trotz des – rasch verbleichenden – Glanzes der Gegenreformation und des Barockzeitalters eine Schattenperiode. Vor allem in der Gnadenlehre war es eine tragische Epoche, voller Mißverständnisse und oft kleinlicher, voreingenommener, leidenschaftlicher Dispute."[46] Denn die Theologie insgesamt kommt mehr und mehr in das Fahrwasser des Rationalismus und des Moralismus. Damit verbunden wird die Frage nach der Gnade ganz im Zuge neuzeitlichen Denkens immer anthropozentrischer gestellt. Das heißt: man fragt nicht mehr primär nach dem, was Gott in seiner Gnade tut, sondern man fragt, was der Mensch kann und vermag und wie sein eigenes Können und Vermögen durch die Gnade als eine Kraft unterstützt und gefördert wird. So wird das entscheidende Problem der nachtridentinischen Theologie das Zueinander von menschlicher Freiheit und erforderlicher (oder auch nichterforderlicher) Gnadenkraft. Was Trient in polemischer Engführung gegen die Reformatoren formuliert hatte, daß das personale göttliche Erbarmen Gottes dem Menschen gegenüber (die ungeschaffene Gnade) eine Wirkung am Menschen hat (geschaffene Gnade), das wird jetzt zur bestimmenden Hauptsache der Gnadenlehre. Die nachtridentinische Schultheologie kennt praktisch nur noch die Gnade als eine innere seinshafte Ausrüstung, Befähigung und Bestimmung, die der Mensch von Gott her erhalten hat und besitzt. Stark dinghafte Kategorien führem vom biblisch-personalen Denken weg. Daß nämlich hinter der „geschaffenen Gnade" das personale Handeln

[46] Dogmengeschichtliche Entfaltung der Gnadenlehre, in: MySal IV, 2, 728.

Gottes steht, der durch seine Liebe den Menschen befähigt, selbst in Freiheit aus der Liebe heraus zu leben, Sohn Gottes zu sein, am göttlichen Leben teilzunehmen, ja – gemäß Joh 14,23 – Gott bei sich Wohnung nehmen zu lassen, das tritt jetzt völlig zurück und wird in den Schulbüchern allenfalls noch als Anhang behandelt. Genau umgekehrt verfährt die Heilige Schrift. Für sie ist das, was Gott in seiner Liebe zum Menschen tut, das Erste und Ausschlaggebende, während die „geschaffene Gnade" nur die Auswirkung, das Konkretwerden der personalen Liebe Gottes im menschlichen Leben ist. So sind die Perspektiven der nachtridentinischen Gnadenlehre völlig auf den Kopf gestellt. Hinzu kommt, daß das, was Trient über die bleibende Freiheit des Menschen auch unter der Sünde (noch vor der Rechtfertigungsgnade) sagt, seither der Ausgangspunkt für höchst subtile Überlegungen über Umfang und Funktion dieser menschlichen Freiheit und ihr Verhältnis zur Gnade wird. Man versucht vor allem spekulativ genauer zu ergründen, wie sich die helfende Gnade in Bezug auf die Freiheit verhält und wie beide (helfende Gnade und menschliche Freiheit) zur Rechtfertigungsgnade hinführen. Überdies tritt nachtridentinisch als neue Frage das Problem auf: wie verhält sich die helfende Gnade zu dem schon mit der heiligmachenden Gnade begabten Menschen, d. h., inwiefern bedarf auch der schon Gerechtfertigte zum Vollzug seiner Freiheit noch der helfenden Gnade, und welcher Wirkkraft ist diese? Setzt sie sich unweigerlich im Menschen durch, oder bedeutet sie nur ein Angebot an den Menschen, sie entgegenzunehmen und mit ihr mitzuwirken?

Was in die Geschichte als „der Gnadenstreit" eingegangen ist, bezeichnet im strengen Sinn die Auseinandersetzung zwischen zwei verschiedenen theologischen Schulen innerhalb der katholischen Kirche, nämlich der Streit zwischen der thomanisch-bañesianisch-dominikanischen Schule auf der einen, und der molinistisch-jesuitischen Schule auf der anderen Seite. In diesen Streit spielen aber immer auch hinein die Auseinandersetzungen mit dem sogenannten nachtridentinischen Augustinismus. Was damit gemeint ist, sei darum zuvor kurz erläutert.

b) Augustinischer Archaismus

Bereits im Zusammenhang mit dem Verhältnis Natur und Gnade wurde erwähnt, daß im 16. Jahrhundert eine Reihe Löwener Theologen unter der Führung von Michael Baius auf die augustinische Gnadenlehre zurückgriffen, dabei aber übersahen, daß der Problem- und Begriffshorizont sich mittlerweile gewandelt hatte und somit nicht ohne Mißverständnisse augustinische Thesen wiederholt werden konnten. Die Löwener Theologen betonten im Anschluß an Augustinus, daß nur der Mensch im Paradies gegenüber der Gnade frei war. Durch die Sünde wurde er total unfrei; er findet erst durch die unverfügbar-freie Gnade Gottes, die sich unweigerlich *ohne,* ja sogar *gegen* die menschliche Freiheit durchsetzt, die Freiheit vor Gott wieder. Ein Bild, das von diesen Theologen gebraucht wurde (das ursprünglich aber von Luther stammt), macht ihre Einstellung deutlich: Der Mensch ist wie ein Esel, entweder wird er vom Teufel oder von Gott geritten. Unweigerlich ist er also Sklave des einen oder des anderen. Der Wechsel aber vom bösen Sklavenstand zum guten geschieht durch Gnade allein, ohne Zutun menschlicher Freiheit.

Man bezeichnet diese Lehre gelegentlich als augustinischen Archaismus, weil diese Theologen zu den Formulierungen und Lehren ihres großen Meisters zurückkehrten, ohne sich bewußt zu sein, daß sich inzwischen sowohl die theologische Sprache wie die Problemstellung tiefgreifend weiterentwickelt hatte. Sie erkannten nicht, daß auch für die Theologie das Gesetz der Geschichte gilt: man kann nicht über Jahrhunderte zurück an etwas anknüpfen, worüber die Geschichte längst hinausgegangen ist[47].

Indem sie Augustin repristinierten und auf einen Problemstand hin aktualisierten, der Augustin in dieser Form nicht vorgelegen hatte, wurden die Gedanken und Aussagen des Bischofs von Hippo abstrakt, platt, statisch, unangemessen, sie erstarrten – wie Piet Fransen bemerkt – „manchmal bis zur Karikatur“[48]. So war

[47] Vgl. dazu *Fransen,* a.a.O. 744.

[48] A.a.O. 744. – Vgl. zum Ganzen auch *H. de Lubac,* Die Freiheit der Gnade, Bd. I, dt. (Einsiedeln 1971).

es kein Wunder, daß die Ideen der Löwener Theologen, wenngleich sie so augustinisch klangen, kirchlicherseits verurteilt wurden. Ähnliche Gedanken finden wir später bei zwei anderen großen katholischen Theologen, Cornelius Jansenius und Pasquier Quesnel. Beide wurden gleichfalls verurteilt.

Der Kampf gegen den extremen Augustinismus des 16./17. Jahrhunderts wird wohl als Kampf um das Komma bezeichnet[49]. Denn die Thesen des Baius wurden von Rom mit folgendem Schlußurteil zurückgewiesen: „Quas quidem sententias ..., quamquam nonnullae aliquo pacto sustineri possent⊙... proprio verborum sensu ab assertoribus intento haereticas, erroneas, suspectas ... damnamus et abolemus." Diese Verurteilung bekommt nun einen total verschiedenen Sinn je nachdem, ob man diesem Satz ein Komma beifügt oder nicht. Sie kann besagen: „Wir verurteilen diese Meinungen als häretisch, irrig und verdächtig ... und weisen sie zurück, obwohl einige davon ... dem eigentlichen Wortsinn nach, wie er von den Autoren gemeint ist, irgendwie geduldet werden können."

Oder:

„Wir verurteilen diese Meinungen als häretisch, irrig und verdächtig ... und weisen sie zurück dem eigentlichen Wortsinn nach, wie er von den Autoren gemeint ist, obwohl einige davon irgendwie geduldet werden können" (vgl. DS 1080).

Das heißt, je nach Gebrauch des Kommas sind einige der geäußerten Meinungen im Sinne ihrer Autoren *diskutabel,* im anderen Fall dagegen gerade im Sinne der Autoren als *ketzerisch* anzusehen (und nur „in sich" diskutabel). Deshalb fragte man nach Rom zurück, an welcher Stelle denn nun der Heilige Vater den Beistrich setzen wolle, aber der Papst hielt es für klüger, sich darüber nicht endgültig zu äußern. Er schickte auf die Anfrage der Professoren von Löwen als einzige Antwort ein Exemplar der Bulle, in welchem diesmal überhaupt kein einziger Beistrich mehr enthalten

[49] Ähnlich wie die ersten christologischen Auseinandersetzungen gelegentlich als Kampf um das Jota bezeichnet werden, da es um die Frage ging: Ist Christus dem Vater wesensgleich (homousios) oder wesensähnlich (homo*i*usios)?

war. So ist bis heute ungeklärt, was nun eigentlich der genaue Sinn dieser Bulle war[50].

Halten wir nach diesem anekdotischen Abschweifen fest: Im nachtridentinischen Augustinismus wurden in der katholischen Theologie Tendenzen wach, die ähnlich den Reformatoren die Freiheit des Menschen unterbewerteten. Wenn nämlich die Gnade Gottes die Freiheit des sündigen Menschen so erfaßt, daß dieser überhaupt nicht Stellung nehmen kann, sondern nur einem vernunftlosen Lasttier gleich vom gnädigen Gott geritten wird, wo wäre da noch Platz für die Freiheit? Damit stellte sich aber im Zusammenhang mit der Verurteilung der Neu-Augustiner die Frage: Wie muß denn für die katholische Rechtgläubigkeit die Gnade Gottes richtig konzipiert werden, daß sie

(1) mit der Freiheit des Menschen zusammengeht, daß der Mensch also Ja oder Nein sagen kann,

(2) daß sie dennoch wirksame Gnade bleibt. Denn Gott ist Herr auch der menschlichen Freiheit. Folgt daraus nicht, daß Gott die Möglichkeit haben muß, wirksam den Menschen beeinflussen zu können? Wäre das nicht möglich, so wäre er Gott entzogen; des Menschen Freiheit wäre stärker als Gottes Macht.

Wie aber geht das zusammen? Wirksame göttliche Gnade, und doch Möglichkeit zum menschlichen Nein. Mit dieser Problemstellung sind wir beim eigentlichen Gnadenstreit, der „disputatio de auxiliis".

c) *Inhalt und Verlauf*

Dieses Dilemma hinsichtlich der Gnade versuchte man begrifflich damit zu lösen, daß man zwei Arten von Gnaden unterschied. Die

[50] *P. Fransen,* a.a.O. (s.o. Anm. 46) 746 bemerkt dazu: „Die erste Lesart scheint vom Lehramt, von Kardinal Granvelle, dem offiziell mit der Ausführung der Bulle Beauftragten und dem Mitverfasser der Klausel, von Kardinal Bellarmin, stillschweigend akzeptiert worden zu sein. Die zweite Lesart drang jedoch im Lauf des 17. Jhs. mehr durch ... Nach einer genauen Prüfung der zeitgenössischen Zeugnisse kommt van Eijl zum Schluß, daß der Hl. Stuhl diese Sätze ‚in sensu ut iacent' verurteilen wollte. Von der modernen Linguistik her wäre zu sagen, daß die Sätze in dem vom Klima und dem Kontext der damaligen Zeit bestimmten naheliegenden Sinn verurteilt wurden."

eine nannte man „gratia sufficiens", ausreichende Gnade; diese wird jedem Menschen angeboten. Ihre Annahme untersteht der menschlichen Freiheit, der Mensch kann dazu Ja oder Nein sagen. Daneben aber gibt es – so betonte man – eine andere Art von Gnade: „gratia efficax", wirksame Gnade, kraft der Gott sich unweigerlich im Menschen durchsetzen kann. Um das Verhältnis dieser beiden Gnaden-„Arten" ging es im Gnadenstreit. Dabei standen sich gegenüber auf der einen Seite vor allem die Jesuiten unter der Führung ihres Jesuiten-Theologen Luis de Molina, auf der anderen Seite die Dominikaner unter Führung ihres an Thomas anknüpfenden Theologen Domingo Báñez.

Die Theorien beider Seiten sind mit ihren spekulativen Subtilitäten schwer zu verstehen, will man sich nicht mit einer oberflächlichen Darstellung begnügen. Generell läßt sich sagen, daß Molina und die Jesuitenschule der Freiheit des Menschen einen höchstmöglichen Raum zuschreiben. Deshalb ist für sie der Problemansatz die gratia sufficiens, die Gnade als Angebot. Diese wird – grob gesagt – durch die (von Gott vorhergesehene und gewollte) Zustimmung des Menschen zur gratia efficax. Genau umgekehrt gehen Báñez und die Dominikanerschule im Anschluß an Thomas vor. Sie setzen bei der gratia efficax, der von Gott her apriori wirksamen Gnade ein; die ausreichende Gnade ist für sie im Grunde nur ein theoretischer, abstrakter Gegenbegriff, der festhalten will, daß jeder Mensch das Heilsangebot Gottes empfängt, wiewohl es nicht bei allen zum Ziel kommt.

Der wesentliche Inhalt des Streites war also die Frage: Was hat den Vorrang – die menschliche Freiheit oder die unbedingt wirksame göttliche Gnade? Und wie ist beides miteinander zu vereinbaren? Im Streit der beiden Schulen zeigt sich somit das uralte abendländische Gnadenproblem, dem wir schon bei Augustin begegneten, nämlich das Dilemma: Gott oder Mensch? Beide Schulen haben sich über Jahrzehnte hin heftigst bekämpft, und es ist bis heute außerordentlich erregend, die Geschichte dieses Streits zu lesen. Beide Seiten haben versucht, den Papst für sich zu gewinnen und die jeweils andere Seite als häretisch zu verurteilen. Stierkämpfe, Maskenfeste und Feuerwerke wurden gefeiert, je nachdem auf welcher Seite der Sieg zu sein schien. Dabei war es Molina, der meinte, daß in der Dominikanerschule nur die extremen bereits verurteilten Augustiner von Löwen fröhliche Urständ feierten, während für die Dominikaner in der Jesuitenschule der Pelagius redivivus zu Worte kam.

Der Gnadenstreit ist vom Papst nicht entschieden worden, obwohl die Entscheidung gegen den Molinismus auf des Messers Schneide stand. Entschieden worden ist vielmehr, daß nichts entschieden und vorläufig nichts entscheidbar ist. Deshalb wurden beide Schulen aufgefordert, von gegenseitiger Verketzerung Abstand zu nehmen. Aber der Streit ging noch lange weiter in den Salons, in öffentlichen Disputationen und theologischen Schulen[51].

Um das Problem, um das es im Gnadenstreit ging, ist es in den letzten Jahrzehnten still geworden, und zwar weil heute deutlich ist, daß in der angesprochenen Frage ein Grundgeheimnis waltet, das vom Menschen nicht zu durchschauen ist. Es ist das Grundgeheimnis, wie überhaupt göttliche und geschöpfliche Freiheit, göttliche Allmacht und Selbstand des Menschen, unendliches und endliches Sein miteinander vereinbar sind. Denkerisch sind in der Geschichte der Theologie genug Verstehensmöglichkeiten durchgespielt worden, um schließlich zu erkennen, daß das Problem theoretisch nicht voll lösbar ist. Wir stehen hier vor einem absolut analogiefreien, einmaligen Fall, nämlich der Relation zwischen Unendlichkeit und Endlichkeit, die wir – endliche Geschöpfe – nicht einsehend begreifen können und für die wir entsprechend auch schlechthin keine Kategorien und Analogien haben. So können für dieses Problem letztlich nur Extremlösungen auf beiden Seiten abgewiesen werden, wie jene, die sagt, daß von der Freiheit

[51] Vgl. dazu *R. Fülöp-Miller,* Macht und Geheimnis der Jesuiten (Berlin 1929) 127 ff. Hier findet sich eine erregende Darstellung dieses Streits, theologisch nicht sehr tiefgehend, doch für den soziokulturellen Aspekt außerordentlich interessant. Deutlich wird hier vor allem, wie sehr die Menschen dieser Zeit vom Streit um die Gnade ergriffen waren. Vgl. das Kapitel „Gnadenstreit im Salon“.

des Menschen alles abhängt und die Gnade dabei nur die Funktion einer hilfreichen Unterstützung des sich autonom selbstverwirklichenden Menschen hat, und jene, die vertritt, daß alles von Gott abhängt und menschliche Freiheit demgegenüber nichts vermag. Es ist dem biblisch-christlichen Glauben wesentlich, daß er beides festhält: Allmacht Gottes und wahren Selbstand und Selbstbestimmung des Menschen; Freiheit Gottes und Freiheit des Menschen. (Über neuere Versuche, diesem Problem denkerisch näher zu kommen vgl. S. 91 ff.)

6. Bleibend-gültige Elemente der traditionellen Gnadenlehre

Wenn man die Geschichte der Gnadenlehre mit ihrem Auf und Ab, ihren Neuentdeckungen und Neuformulierungen betrachtet, wovon in den vorigen Abschnitten nur das Allerwichtigste angeführt wurde, so lassen sich unter dem geschichtlichen Gestrüpp und den begrifflichen Verzweigungen doch so etwas wie drei bleibende Grundzüge erkennen.

a) Die Gnadenlehre will immer und überall zum Ausdruck bringen, daß der Mensch sein Heil = die Erfüllung seines Menschseins nicht aus sich heraus findet, sondern auf die gütige, freie Initiative Gottes angewiesen ist, kraft welcher Gott den Menschen trotz seiner Schuld annimmt, sich ihm personal zuwendet und mitteilt und so zur Vollendung seiner selbst bringt.

b) Dieses Gnadengeschehen, das allein dem freien Willen Gottes entspringt und ständig unter der freien Verfügung Gottes bleibt, beläßt jedoch den Menschen nicht in reiner Passivität, sondern bringt als seine eigene Voraussetzung und Folge dem Menschen ein neues Vermögen, damit dieser in Freiheit dem gnädigen Gott antworten und am Prozeß seiner Vollendung mitwirken kann.

c) Die vielen Einzelprobleme und Einzelelemente der traditionellen Gnadenlehre, besonders die Unterscheidung von verschiedenen Gnadenarten und Gnadenmomenten, erklären sich von zwei Motiven her:

(1) Es vertiefte sich im Laufe der Geschichte die oft begrifflich-abstrakte und vom Lebensvollzug getrennte Reflexion auf die Frage: Welche Wirkung Gottes gnädiges Erbarmen am und im Menschen haben muß, damit dieser vom Heil Gottes wirklich erreicht wird. In der Reflexion über dieses Problem kam man, um es generell zu formulieren, zu dem Ergebnis: Jedem Aspekt des Menschseins entspricht auch ein differenzierter Aspekt, eine unterschiedliche Erscheinungsgestalt der Gnade. Mithin gilt: Wieviel unterscheidbare Momente es am Menschen gibt, soviel unterscheidbare Momente der göttlichen Gnade. Wie nun aber der Mensch trotz der Vielheit der an ihm unterscheidbaren Aspekte nicht in eine Vielfalt von Einzelelementen zerfällt, so ist es auch mit der Gnade. Wie der Mensch einer ist, so ist auch die Gnade *eine*: es ist Gottes gnädiges Erbarmen, der sich in Jesus Christus ganz dem Menschen mitteilen will. Da der Mensch aber ein plurales Wesen ist, das nur in einer Vielfalt von polaren Spannungen adäquat bestimmt werden kann (Freiheit – Verfügtheit; Geist – Materie; Wesenhaftigkeit – Geschichtlichkeit; Individualität – Sozialität; Sündersein – Geschöpfsein), fächert sich auch die Gnade, die Gott selbst ist, wenn sie in die Wirklichkeit des menschlichen Lebens eintritt, in eine Vielzahl von Aspekten auf.

(2) Die Unterscheidung von verschiedenen „Gnadenarten" wird noch von einem zweiten Motiv her verständlich: im Laufe der Geschichte vertiefte sich stets aufs neue die Reflexion auf das Problem des Zueinander von Gnade und Freiheit, also auf die Frage: was tut Gott und was der Mensch im Heilsprozeß? Entsprechend dem Grunddilemma der abendländischen Gnadenlehre, Gott *oder* Mensch, wurde das Problem Gnade – Freiheit mit immer neuen Finessen, differenzierten Varianten und hochstilisierten begrifflichen Modellen, aber fast immer mit dem mißlichen Ergebnis, Gott oder dem Menschen zuviel zuzuschreiben, gelöst.

Hält man an den drei Grundsaussagen der traditionellen Gnadenlehre fest, läßt sich durchaus vertreten, daß viele Einzelzüge,

-begriffe und -thesen der überlieferten kirchlichen Lehre für uns weder aktuelle Bedeutung haben noch gar bedrängende Glaubensprobleme darstellen. Dennoch sind deshalb die großen Problemartikulationen und -lösungen der Tradition nicht einfach erledigt und nur noch Gegenstand theologischer „Archäologie“ und „Musealität“. Denn jeder neue theologische Versuch, in unserem Denken, im heutigen Problemkontext und Erfahrungshorizont Gottes Gnade zu verstehen, Heil und Erlösung verständlich zu machen, muß sich kritisch befragen lassen, ob das neue Verständnis vor den Einsichten der Tradition bestehen kann, ob die „neuen“ Lösungen nicht vielleicht zu kurzatmig und kurzschlüssig sind, ob nicht etwas vergessen wird, das angesichts der theologischen Diskussion der großen Tradition nicht übersehen werden darf. So bleibt die Geschichte auch da, wo manche ihrer Ergebnisse für uns keine aktuelle Bedeutung mehr haben, ein beständiges kritisches Korrektiv.

Fünftes Kapitel
Die neuere Entwicklung der Gnadenlehre

1. Personales Denken

Nachdem um die Mitte des 20. Jahrhunderts die Neuscholastik zunehmend an Boden verlor, kam man auch mehr und mehr davon ab, in subtilen Disputationen und rationalistischem Zugriff abstrakte Probleme zu behandeln. Mehr und mehr machte sich ein biblisches und geschichtliches Denken breit, das wieder sehr viel eher mit personalen Kategorien die theologischen Probleme zu lösen versuchte. Im deutschen Sprachgebiet waren es vor allem Karl Rahner und Hans Urs von Balthasar, im französischen Henri de Lubac, welche es aufs neue unternahmen, die Gnadenlehre vom absoluten Vorrang der ungeschaffenen Gnade her zu formulieren: Gnade ist der sich gnädig verhaltende Gott, der sich dem Menschen ganz mitteilen, Wohnung bei ihm nehmen und zur vollendeten Gemeinschaft mit sich führen will. Alles andere muß sich von diesem Grundverhalt her ableiten und erklären lassen. So ist die „geschaffene Gnade" in strikter Relation zur Selbstmitteilung Gottes zu verstehen: sie ist Wirkung und zugleich Voraussetzung dafür, daß der Mensch zur Gottesgemeinschaft gelangen kann. Auch die Freiheit des Menschen erhält von hier aus ihren rechten Platz. Wenn Gott wirklich mit dem Menschen Freundschaft eingehen und das Band der Liebe knüpfen will, dann darf die Freiheit nicht erdrückt werden, sondern sie ist gerade in Stand gesetzt und herausgefordert, dem „Freien" Gottes zu antworten.

Innerhalb eines strikt personalen Denkens läßt sich auch das

Verhältnis von göttlicher und menschlicher Freiheit im Gnadengeschehen zutreffender bestimmen. Denn wenn auch an der Verhältnisbestimmung beider „Faktoren“ das Denken notwendig scheitern muß, stellte sich in den letzten Jahrzehnten zunehmend die Frage, ob die Verstehensversuche und -ansätze der Tradition, angefangen von Augustin, nicht unter einem Horizont standen, welcher für das Denkbemühen eher schädlich als förderlich war. Wir wiesen schon mehrfach darauf hin, daß die abendländische Gnadenlehre von Anfang an unter dem Grunddilemma stand „Gott *oder* Mensch“. Das bedeutet: Gott und Mensch werden gleichsam als zwei Kausalitäten betrachtet, von denen die eine sich *gegen* die andere durchsetzen muß, um bestehen zu können, bei denen die eine die andere ersetzt, erdrückt und – tendenziell – zum Verschwinden bringt. Je mehr Gott zugesprochen wird, desto mehr muß dem Menschen genommen werden; je mehr Macht der Mensch erhält, desto ohnmächtiger muß Gott werden. Blickt man näher zu, so ist dieses Verstehensmodell für das Zueinander von menschlicher und göttlicher Kausalität gewonnen „im Anhalt an oder Gegenhalt gegen die Gestalt primär des *materiellen* Seienden ... Das Seiende in der Natur ist das fundamentale Modell, an dem extrapolierend ... Gott als das ‚höchste Wesen‘, als ‚Ursache‘ (causa), ‚substantia infinita‘ usw. gedacht wurde.“[1] Gibt aber das „Seiende als Vorhandenheit“ begriffen, d.h. die Welt dinghafter Wirklichkeit, den Horizont für die Gottesvorstellung und für das Menschenbild ab, so können göttliche und geschöpfliche Kausalität nur nach dem Modus *konkurrierender* dinglicher Ursächlichkeiten gedacht werden. Dann muß gelten: Gott *oder* Geschöpf. Dieses Dilemma ist also im Grunde die Folge des Gottesbildes der klassischen Metaphysik, das in der christlich-abendländischen Tradition zwar immer von der Schrift her in Richtung auf personale Transzendenz und absolute Freiheit hin korrigiert wurde, sich

[1] *K. Lehmann*, Kirchliche Dogmatik und biblisches Gottesbild, in: Die Frage nach Gott, hrsg. von J. Ratzinger (Freiburg i. Br. 1972) 125. – Im folgenden werden einige Passagen meines Artikels: Theologische Grundlagen des Bittgebets, in: ThQ 157 (1977) 27–40 wiedergegeben.

andererseits aber stets in einer sehr labilen und heiklen Spannung zum biblischen Gottesverständnis befand. Denn das Gottesbild der Heiligen Schrift ist anders: Gott ist personale Macht und Freiheit. Er trägt alles, hält alles in seinen Händen und führt alles zum guten Ziel. Und doch gewährt er in seiner Allmacht dem Menschen und seiner Welt Raum neben sich, gibt Freiheit und befreit zur Freiheit, schenkt Möglichkeit zum Mitwirken, läßt sich ansprechen und von menschlicher Freiheit „tangieren". Und dennoch entgleitet nichts seinen Händen. Gerade weil die göttliche Allmacht *personale Freiheit* ist, erdrückt sie das Geschöpf und sein Vermögen nicht, sondern eben darin besteht die Größe göttlicher Allmacht, daß sie den Menschen zur Freiheit, zum Eigenwirken befreit, daß sie sich vom Menschen ansprechen und bewegen läßt und sein Wirken in die göttlichen Heilspläne einbezieht. Die Gaben Gottes überfallen den Menschen nicht, sondern werden zu Aufgaben, kraft derer das Geschöpf sich selbst die Vollgestalt der Gabe miterwirken kann und muß (wobei es sich freilich auch der Aufgabe versagen kann).

Mithin steht alles Geschehen in der Welt, auch die Begnadigung des Menschen, nicht unter dem Dilemma Gott *oder* Mensch, sondern alles hängt von Gott *und* vom Menschen ab, besser: alles Geschehen ist Ergebnis des Wechselspiels, des Dialogs, der sich zwischen Gott und dem Geschöpf abspielt[2]. In diesem Dialog konkurriert nicht eine Ursächlichkeit mit der anderen bis hin zum Durchsetzen der einen gegen die andere (wie im ontischen Verstehensmodell), sondern im personalen Wechselspiel werden gerade Möglichkeiten der Freiheit herausgelockt zum „völlig Unvorhersehbare[n], das zwei einander zum gemeinsamen Werke vermählte Freiheiten erfinden"[3]. Eben deshalb ist Geschichte, auch die Gnadengeschichte, kein Prozeß, den Gott als einziges geschichtsstiftendes Subjekt aus sich heraussetzt: „Geschichte ist nie

[2] Vgl. zu diesem Verständnis *G. Greshake,* Auferstehung der Toten (Essen 1969) 191 ff, 205 ff, 326 ff.

[3] *C. Tresmontant,* Biblisches Denken und hellenische Überlieferung, dt. (Düsseldorf 1956) 48.

nur Geschehen *eines* Subjektes, aus ihm heraus auf ein Objekt zu oder aus ihm heraus auf sich zu und in sich hinein. Sondern Geschichte ist immer nur Geschichte primär ‚zwischen' Subjekten, ist ‚Miteinander-Geschichte', unerachtet möglicher Unterschiede in der Subjektivität der Subjekte. Und dieses ‚Zwischen', diese Geschichte, ist nicht gewissermaßen nachträgliche akzidentelle Reaktion, sondern umgreift die Subjekte, die Partner; das Miteinander dringt ein in den einen wie den anderen und prägt sie, und prägt sie um gemäß dem, wie dieses Miteinander geschieht."[4] Das biblische Gottes- und Wirklichkeitsverständnis sprengt also die Alternative Gott oder Geschöpf und setzt statt dessen das Bekenntnis, daß Gott dem Geschöpf „neben sich" Raum gewährt, Seinsraum und Tätigkeitsraum. Gerade darin besteht die Größe und Herrlichkeit des Schöpfers, daß er das Geschöpf *selbst* sein und *selbst* handeln läßt, daß er es freisetzt in Freiheit. Gott erscheint nicht „als ein konkurrierender Ursprung *neben* der menschlichen Freiheit, sondern als die konkret ermöglichende, seinlassende, befreiende Freiheit der menschlichen Freiheit"[5], die so „in höchste Selbständigkeit" gesetzt wird[6]. Gott setzt das Geschöpf so radikal frei, daß es in eigener Kraft – dessen „Eigen" aber von Gott gewährtes „Eigen" ist – sich selbst zu transzendieren vermag. So wachsen göttliche Allmacht und geschöpfliche Freiheit in gleichem, nicht in umgekehrtem Maß; Gottes allmächtige Freiheit macht den Menschen nicht weniger frei, sondern ist gerade Bedingung seiner Freiheit; Gottes Allmacht erdrückt das Geschöpf nicht, sondern begründet Ermächtigung des Geschöpfes. Deswegen hängt alles Geschehen in der Welt, so sehr Gott selbst dessen letzter Verursacher ist, zugleich auch vom Geschöpf ab, ohne daß Gottes Handeln sich in den im Geschöpf vorhandenen „überschaubaren Möglichkeiten" erschöpft und *ohne daß* der

[4] *A. Halder,* Wirklichkeit als Geschichte, in: Grundfragen der Christologie heute, hrsg. von L. Scheffczyk (Freiburg i. Br. 1975) 29. – Vgl. dazu auch *M. Theunissen,* Bubers negative Ontologie des Zwischen, in: PhJ 71 (1963/64) 319–330.

[5] *J. B. Metz,* Freiheit, in: HThG II, 30.

[6] *J. B. Metz,* Zur Theologie der Welt (Mainz – München 1968) 30.

Weltlauf und das einzelne Geschick Gott aus den Händen fällt. Hier liegt begründet – wie M. Buber bemerkt – das „unreduzierbare Geheimnis des Verhältnisses zwischen Gott und Mensch ... Will man es ... theologisch, das heißt, im Hinweis auf die uns entrückte Seite des Seins fassen, so muß man von einem Verhältnis in Gott selbst, also, wie man zu sagen pflegt, zwischen Attributen Gottes, richtiger: zwischen Gott als einem Vorsehenden und Gott als einem Freigebenden reden. Gott überliefert seine Kreatur keinem Verhängnis, er stellt sie in die Luft und hält sie zugleich."[7]

In diesem Horizont gesehen, wird das Verhältnis Gottes Gnade – menschliche Freiheit zwar nicht weniger Geheimnis, aber es ist im allerersten Ansatz nach Analogie zwischenmenschlicher Verhältnisse erfahrbar: Wo Liebe zwischen Menschen ist, da erdrückt auch nicht der eine den anderen, sondern da bedeutet Liebe Freigabe des anderen und zugleich äußerste Beeinflussung, Prägung und Formung des anderen eben durch die Liebe, ohne daß diese deswegen für den anderen zwanghaften Charakter annähme. Nach dieser Anlogie ist auch das Verhältnis Gott – Mensch im Gnadengeschehen zu denken. Dinghaft-ontische Kategorien und Vorstellungen, wie sie in der Tradition benützt wurden, haben vielfach von diesem urmenschlichen Grundverständnis weggeführt.

2. „Äußere" Gnade

Eine zweite Einsicht, die in den letzten Jahrzehnten immer mehr um sich griff, war das vertiefte Verstehen dessen, was „äußere" Gnade ist. Seit Augustin stand im Vordergrund der westlichen Gnadenlehre die „innere" Gnade, nämlich jene von Gott ge-

[7] Zwei Glaubensweisen, WW, Bd. I (München – Heidelberg 1962) 765. – Diese jüdische Konzeption vom Verhältnis zweier Attribute Gottes könnte (und müßte) christlicherseits trinitätstheologisch weitergeführt werden: christologisch gesehen ist Gott der ins „Gegenüber" des Sohnes Freigebende und pneumatologisch, der das „Gegenüber" durch seinen alles durchdringenden Geist Haltende.

schenkte innere Kraft des Heiligen Geistes zur inneren Umformung und Heiligung des Menschen.

Diese Akzentuierung des Gnadenverständnisses entsprach der Sünden- und Unheilserfahrung, wie sie in der Vergangenheit gemacht wurde: Im Vordergrund stand hier das Bewußtsein, sich durch die Sünde an der transzendenten Beziehung zu Gott zu verfehlen und damit das gegenwärtige und – vor allem! – zukünftige Heil zu verscherzen. Unheil und – korrelativ dazu – Heil betrafen also den letzten theonomen Bezug des Menschen: seine Unmittelbarkeit zum welttranszendenten Gott. Sünde war jene unsichtbare Macht, welche die heilsrelevante Beziehung Gott – Mensch zerstörte. In diesem Horizont „vorproblematischer Unmittelbarkeit" des Menschen zu Gott sind die meisten Begriffe der Sünden- und Gnadenlehre entstanden und formuliert worden: Schuld gegen Gott, Vergebung der Sünden, Unfreiheit des Menschen durch die Knechtschaft der Sünde, Verlust der Hoffnung und Gewährung des ewigen Lebens durch Gott, Gotteskindschaft mit Jesus Christus und brüderliche Gemeinschaft des Glaubens in der Kirche[8]. Für den Menschen der Neuzeit ist dieser unmittelbare Gottesbezug problematisch geworden. Die traditionellen Formulierungen „finden jetzt Anwendung auf die innerweltlichen und zwischenmenschlichen Existentialien des Menschen, wobei sie ihre bisherige religiöse Färbung verlieren. Schuld und Vergebung trennen und verbinden jetzt nicht mehr Gott und den Menschen, sondern die Menschen untereinander; Überforderung vom anklagenden Gesetz erfährt der Mensch nicht mehr vom göttlichen Gebot her, sondern von den Forderungen der Gesellschaft, ohne deren Erfüllung seine Integration nicht möglich wird... Unfreiheit und Knechtschaft haben ihren Grund nicht mehr direkt in der Herrschaft potenzierter dämonischer Mächte oder im Zorn Gottes, sondern liegen dem Menschen vielmehr auf seiner Brust, in den Ängsten und Zwängen seines eigenen Herzens, in den ungelösten seelischen Konflikten und Verdrängungen. Fast die meisten dieser

[8] Vgl. *D. Wiederkehr,* Glaube an Erlösung (Freiburg i. Br. 1976) 79; auch 17f, 21.

Bezeichnungen werden anscheinend mitsamt ihren negativen und lähmenden Faszinationen im verbalen Wortlaut beibehalten, aber sie bilden eher das Vokabular der Psychologie oder der Gesellschaftswissenschaften. Man kann von einer Abwanderung der Unheilserfahrungen und Heilserwartungen sprechen ..."[9]

Diese „neue" Erfahrung von Sünde und Unheil (und dementsprechend: Heil und Gnade) muß nun, sofern sie nicht total säkularisiert ist, zur traditionell-religiösen Auslegung *nicht* in unvermittelbarem Gegensatz stehen. Schon für das Alte Testament ist wesentlich, daß die Gottesbeziehung des Menschen welthaft-konkret vermittelt ist: Die Erwählung Israels durch Gott wird zeichenhaft erfahrbar in der Befreiung aus der Sklaverei Ägyptens, in den vielgestaltigen Erfahrungen der geschichtlichen Führung durch Gott und im gelungenen Leben im Raum des Bundes, der durch Gottes Ordnung und Gottes Gesetz abgesteckt ist. Auch die Antwort des Menschen auf die konkret erfahrene Erwählung durch Gott geschieht nicht nur durch ein Leben unmittelbar-religiösen Gottesbezugs, sondern „ebensosehr in der Gerechtigkeit gegenüber dem Nächsten, in der Barmherzigkeit gegenüber dem Armen und Fremden und in der dankbaren Annahme und im frohen Gebrauch der Lebensgüter"[10]. Infolgedessen ist auch die Sünde nicht eine Tat des Menschen exklusiv und unmittelbar gegen Gott, sondern sie richtet sich gleichursprünglich gegen das eigene Leben und dessen Glück, gegen die mitmenschliche Gemeinschaft und gegen die Ordnung der Welt: Wo der Mensch es ablehnt, sich die Erfüllung seines Lebens von Gott her schenken zu lassen, verliert er jenen Grund, von dem aus das eigene Leben oder das der anderen sinn- und heilvoll wird. Darum hat schon nach alttestamentlichem Verständnis die Sünde eine doppelte Schlagrichtung: erstens eine „vertikale": sie ist Sünde gegen Gott, Rebellion gegen den sich in Liebe mitteilenden Gott, Abbruch der Beziehungen zu ihm; zweitens aber auch – und damit wesentlich verbunden – eine „horizontale" Schlagrichtung: gegen sich selbst

[9] A.a.O. 80. [10] A.a.O. 32.

und gegen die Gemeinschaft. In der Sünde wird das eigene Heil und das der anderen verfehlt. Dabei stehen vertikale und horizontale Dimension nicht beziehungslos nebeneinander, sondern sind aufs engste einander zugeordnet: In der Zerstörung oder Beeinträchtigung des menschlichen Lebens und seines Lebensraumes vollzieht sich die *sichtbare Konsequenz, Verleiblichung und Konkretisierung* des zerbrochenen Gottesverhältnisses in die „Horizontalität" der irdischen Wirklichkeit hinein; umgekehrt ist die Zurückweisung der Gottesbeziehung durch den Menschen der innere Grund dafür, daß der Sünder sein eigenes Leben und das der anderen zerstört[11]. Dieses Verständnis tritt auch im Neuen Testament deutlich hervor. Die Einheit von Gottes- und Nächstenliebe, Mitte der Verkündigung Jesu, besagt, daß die Beziehung des Menschen zu Gott zwar nicht in zwischenmenschlichen Beziehungen aufgeht, wohl aber nicht an ihnen vorbeigeht, sondern in diesen konkret, wirklich und wahrhaftig wird. „Wenn jemand sagt: ‚Ich liebe Gott', und seinen Bruder haßt, so ist er ein Lügner" (1 Joh 4,20). Das Reich Gottes, das Jesus verkündet, hat nicht zum Inhalt das traute tête-à-tête des Menschen zu seinem Gott, die verborgen-intime Erfahrung des „Dieu et mon âme", sondern es bedeutet: Freiheit den Gefangenen, Freude für die Trauernden, Hoffnung für die Kranken und Verzweifelten. Anders gesagt: Das („vertikale") Kommen Gottes in diese Welt wird in den veränderten „horizontalen" Beziehungen und Situationen konkret, zeichenhaft, sichtbar, „wirklich". Darum verwirklicht sich auch die Sünde gegen Gott – wie schon im Alten Testament – wesentlich in der Sünde gegen den Bruder, im Verfehlen des eigenen Heilsweges, im Mißbrauch der guten Heilsgaben Gottes. Und entsprechend konkretisiert sich Umkehr für Jesus und das ganze Neue Testament wesentlich in der Bekehrung und Hinkehr zum Bruder, im neuen versöhnten Verhältnis mit dem Mitmenschen[12].

Diese wenigen Hinweise mögen genügen, um zu zeigen, daß

[11] Näheres siehe *G. Greshake,* Die Beichte, in: ThPQ 124 (1976) 326ff.
[12] Vgl. *G. Greshake,* Die Beichte, 331f.

sich für die Heilige Schrift Gnade und Sünde wesentlich auch „horizontal", d.h. in der Aufrichtung bzw. Zerstörung innerweltlichen Heils verwirklichen. Und wie könnte es anders sein! Wenn Gott sich nicht mehr rücknehmbar als Gott der Menschen und als Gott des Heils bestimmt hat, dann gibt es keine Beziehung zu Gott mehr an den menschlichen Heilsdimensionen vorbei.

Aus Gründen, die wir hier nicht erörtern können[13], trat schon in der hochpatristischen und erst recht in der mittelalterlichen Theologie der unmittelbare Gottesbezug für die Auslegung von Sünde und Gnade in den Vordergrund. Wie die Sünde vornehmlich die direkte, innere, dem leiblichen Auge unsichtbare Gottesbeziehung des Menschen tangierte, so wurde auch die Begnadung als innere und verborgene Gotteskraft verstanden. Wenn sich heute dem Menschen eine andere Sündenerfahrung aufdrängt – Sünde als konkrete, geradezu anschaubare zerstörerische Macht im eigenen Leben, in der Menschheit, in der Welt –, so kann auch die Gnadenlehre an dieser veränderten Perspektive nicht vorübergehen, zumal die heutige Erfahrungsperspektive, wie wir gesehen haben, enge Verbindungen zur biblischen Botschaft aufweist.

Heils- und Erlösungsgnade, die *allein* die verborgene Tiefe des Menschen erreicht, ihn hier in der Hoffnung auf ein jenseitiges Heil bei Gott versiegelt und bekräftigt, im übrigen aber die leibhaftig-konkreten Situationen seines Lebens und der Welt nicht einbegreift, ist eine unweltliche, ja eine „gottlose" Gnade, da sie nicht dem „Gott der Menschen" entspricht. Auf dem Forum der Welt wird die Beteuerung solcher Gnade entweder als Immunisierung gegen die Verunsicherung und drohende Verzweiflung an der Erlösung der Welt[14] oder als „Versöhnung Gottes mit dem

[13] Vgl. dazu aber *Greshake,* Gnade (s.o. Anm. 13 in Kap. IV) 247ff und S. 48f dieser Schrift.

[14] Vgl. *P. L. Berger,* Zur Dialektik von Religion und Gesellschaft, dt. (Frankfurt a.M. 1973) 69. – *G. Ebeling,* Das Verständnis von Heil in säkularisierter Zeit, in: Kontexte 4 (1967) 8 weist darauf hin, daß „die Erfahrung von Unheil ... in der Neuzeit zeitweise so grauenhaftes Ausmaß angenommen [hat], daß das überlieferte christliche Reden vom Heil dagegen nicht mehr aufkommen konnte und seine

Elend"[15] angesehen. Solche Gnade ist „Opium", da sie das hier und jetzt erfahrbare Unheil der Welt aus dem Prozeß der Gnade herausläßt, den Menschen so seiner realen Welt entfremdet und für das Verborgen-Jenseitige in Beschlag nimmt. Gegen eine solche Konzeption von Gnade steht das an die feuerbachisch-marxistische Religionskritik erinnernde Wort Nietzsches: „Der Begriff ‚Gott', erfunden als Gegensatz-Begriff zum Leben – in ihm alles Schädliche, Vergiftende, Verleumderische, die ganze Todfeindschaft gegen das Leben in eine entsetzliche Einheit gebracht! Der Begriff ‚Jenseits', ‚wahre Welt' erfunden, um die *einzige* Welt zu entwerten, die es gibt – um kein Ziel, keine Vernunft, keine Aufgabe für unsere Erdenrealität übrig zu behalten!"[16] „Wir leugnen Gott ... *damit* erst erlösen wir die Welt."[17] Man erkennt hier unschwer den Zusammenhang mit Ideen von Marx und Engels, die in die gleiche Richtung zielen: Religion mit ihrer Botschaft von der Gnade bedeutet fundamentale Entfremdung des Menschen[18]. Vor allem auch das seit einigen Jahren intensiv geführte theologische Gespräch mit Marxismus und Judentum, wo in besonderer Weise die Idee der leibhaftig-konkreten Erlösung aufbewahrt ist[19], führte in

Glaubhaftigkeit einbüßte. Was in Kriegen, in Flüchtlings- und Konzentrationslagern, in Ghettos und Gaskammern geschehen, was an Wahnsinn und namenloser Angst über Millionen von Menschen hereingebrochen ist, übersteigt jede Vorstellungskraft, aber auch die Widerstandskraft aller Heilsvorstellungen." Der gnostische oder stoische Rückzug in die Innerlichkeit scheint noch dann der ehestmögliche, aber zutiefst unchristliche Weg zu sein.

[15] Vgl. *U. Hedinger,* Wider die Versöhnung Gottes mit dem Elend (Zürich 1972).

[16] Ecce homo. Warum ich ein Schicksal bin, WW II (s. o. Anm. 1 in Kap. II) 1159.

[17] Götzen-Dämmerung, WW II, 978.

[18] Vgl. dazu *W. Post,* Kritik der Religion bei Karl Marx (München 1969) 211–240.

[19] Vgl. z.B. *Sch. Ben-Chorin,* Die Antwort des Jona (Hamburg 1956) 99: „Der Jude weiß zutiefst um die Unerlöstheit der Welt, und er erkennt und anerkennt inmitten dieser Unerlöstheit keine Enklaven der Erlösung. Die Konzeption der erlösten Seele inmitten einer unerlösten Welt ist ihm wesensfremd, urfremd, von Urgrund seiner Existenz her unzugänglich ...". Denn der Jude geht – wie *G. Scholem,* Über einige Grundbegriffe des Judentums (Frankfurt a.M. 1970) 121, bemerkt – davon aus, daß für die Schrift Erlösung ganz wesentlich ein Vorgang ist, „welcher sich in der Öffentlichkeit vollzieht, auf dem Schauplatz der Geschichte und im Medium der Gemeinschaft, kurz, der sich entscheidend in der Welt des Sichtbaren vollzieht und ohne solche Erscheinung nicht gedacht werden kann".

letzter Zeit zu einer vertieften Sicht der – traditionell so genannten – „äußeren" Gnade. Gottes Gnade hat nicht ihren exklusiven Ort in der menschlichen Innerlichkeit, sie überspringt nicht die konkreten Dimensionen des Menschseins, sie *vermittelt* sich in ihnen und durch sie und *ergreift* sie, sie schöpferisch umgestaltend.

Das wird in zugespitzter Weise an Jesus Christus deutlich: In ihm ist die leibhaftig-sichtbare, die „äußere" Gnade erschienen. Der Teufelskreis von unfreimachender Herrschaft, Ichverfallenheit und einsamer Kälte ist im Dienst, in der Hingabe, in der Liebe seines Lebens und dessen letzter Aufgipfelung im Kreuzestod zerbrochen und in seiner Nachfolge für alle eine neue Möglichkeit menschlichen Lebens eröffnet. Seine Auferstehung als die des ersten unter vielen Brüdern hat die Kraft einer Hoffnung erweckt, die nichts ausläßt und von nichts, auch nicht vom Tod als dem Signum letzter Hoffnungslosigkeit begrenzt ist. So ist Jesus Christus in Person die neue freimachende Freiheit, das absolute Ja, die unbedingte Liebe und Hoffnung, die in unsere konkrete Welt tritt, um sie entscheidend zu prägen und umzugestalten.

Wir brauchen nur in unser eigenes Leben zu schauen und uns zu fragen, wodurch das eigene Leben und das der anderen je „verändert" wurde, neue Perspektiven empfing, eine neue Richtung nahm, menschlicher, erfüllter, freier wurde. Jeder weiß dann von konkreten Erfahrungen zu berichten: von Begegnungen mit anderen Menschen, von Beeinflussungen durch Gemeinschaften (Erziehung, Familie, Freundschaft), von Herausforderungen durch bestimmte geschichtliche Situationen, von Erlebnissen mit Menschen, aber auch mit Büchern, Kunst, Natur – vor allem aber mit Menschen: Liebe, Vertrauen, Vergebung, Worte, die ins Herz treffen, und nicht zuletzt überzeugend vorgelebte Lebensmodelle anderer: all das macht frei. In solchen Erfahrungen leuchtet konkret auf, was Gnade ist: Freiheit, die man andern verdankt, die man sich selbst nicht schenken kann. Solche „Gnadenerfahrungen" mögen zunächst als rein zwischenmenschliche Geschehnisse erscheinen. Aber da, wo *wirklich* Liebe und Freiheit vermittelt wurde, weisen solche Erfahrungen über sich hinaus. Vielfach sind sie bereits eine direkte Aktualisierung des Christusgeschehens, insofern andere Menschen uns durch Wort, Verhalten, Beispiel und Erziehung ihren Glauben an Jesus Christus und seine Liebe weitergeben und so sein Lebensmodell werbend in unser Leben hinein vermitteln. So wird auf vielerlei Weise die „äußere" Gnade, die Jesus Christus selbst ist, durch geschichtliche Vermittlung weitergegeben. Aber auch da, wo interpersonale Gnadenerfahrungen nicht direkt an ihren christologischen Grund zurückgebunden sind, tritt in ihnen ein „Mehrwert" in Erscheinung, der auf Gott verweist (vgl. S. 23f.). Wo Menschen sich unbedingt lieben, bejahen, zum wahren Menschsein befreien, ist jene Freiheit am Werk, die in Jesus Christus zwar ihre volle zeichenhafte Gestalt gefunden hat, die aber auch „vor" oder (scheinbar) „außer" ihm schon im Fragment, im schwachen Verweis, in der Hoffnung oder in der gelebten Wirklichkeit des „anonym Christlichen" gegeben ist.

So erfährt der einzelne die befreiende Wirkung der Gnade Gottes nicht nur in verborgener Innerlichkeit, sondern auch „durch die anerkennende, zutrauende Zuwendung von Mitmenschen. Er wird dadurch befreit aus der Bekümmertheit um sich selbst, befreit zur treuen Bindung und zuverlässigen Tätigkeit für andere und mit anderen; aufgerichtet zum gläubigen Vertrauen auf Gottes Nähe und zur Hoffnung auf sein Reich." [20]

Menschliches Tun wird zur konkreten Vermittlungs- und Erscheinungsform der Gnade. Das gilt auch dort, wo Menschen sich hoffend und wagend für andere einsetzen, ungerechte Strukturen verändern, unmenschliche Verhältnisse beseitigen und der Welt einen Vorschein jenes Lichtes bringen, dessen Fülle Gott einmal ganz aufleuchten lassen wird. Wo Menschen vom Geist des Glaubens, der Hoffnung und der Liebe ergriffen sind, und, befreit von

[20] *Langemeyer,* a.a.O. (s.o. Anm. 25 in Kap. IV) 94. – Und Langemeyer fährt fort: „Daher kann die Kirche die Taufe, die Aufnahme des Menschen in die Gemeinschaft der Gläubigen, als Sakrament, d.h. als wirksames Zeichen der Gnade Gottes feiern ... Daher ist auch die Kirche selbst Sakrament: Sie ist der Ort, an dem man von der gnädigen Zuwendung Gottes hört und sie in gläubiger Gemeinschaft erlebt." Vgl. dazu S. 60.

Ichsucht, sich selbstlos für das Heil der Welt einsetzen, sind sie nicht nur selbst Erscheinungsform der Gnade, sondern dann kann auch das Ergebnis ihres heilschaffenden Tuns „Gnade“ genannt werden. Das Tun des Menschen ist dann nicht konkurrierender Synergismus mit Gott oder gar autonomes Bemühen um Selbstvollendung; es ist getragen vom Geschenk des Geistes, ist Konsequenz der empfangenen Liebe, Praxis befreiter Freiheit, die sich ihrer letzten Erfüllung entgegenstreckt und die Erfüllung umrißhaft, fragmentarisch in diese Welt einzutragen sucht, damit in der Erfahrung des Angelds des Geistes sich die Hoffnung auf die vollendete Fülle des Heils festmachen kann[21].

So verstanden geht die Heilsgnade Gottes nicht an den konkreten „Heilsbedürfnissen“ des Menschen vorbei, sondern umgreift sie. Werner Rück[22] stellte jüngst einmal zusammen, was in der alltäglichen menschlichen Erfahrung heute unter „Heil“ verstanden wird:

„Heil bedeutet
- für den Kranken, geheilt zu werden,
- für den Verhungernden, eine Handvoll Reis oder ein Stück Brot zu bekommen,
- für den, der allein ist, einen Menschen zu finden, der für ihn da ist,
- für den Gefangenen die Befreiung aus dem Gefängnis,
- für den, den keiner mag, Verständnis und Zuneigung,
- für den, der unterdrückt und abhängig ist, das Freiwerden von der Fremdbestimmung und die Möglichkeit zur eigenen Entscheidung,
- für den, der ungerecht behandelt wird, die Erfahrung, daß Recht und Gerechtigkeit sich durchsetzen,
- für den, der von der Monotonie der täglichen Arbeit erdrückt wird, etwas, das seinem Leben Sinn und Erfüllung gibt,

[21] Vgl. dazu *G. Greshake,* Stärker als der Tod (Mainz 1976) 42ff.
[22] Kirche für die Zukunft (Mainz 1974) 97.

- für die, die von den Sorgen des Alltags aufgerieben werden, leben zu können ohne Leistungszwang und ohne Furcht vor dem kommenden Tag,
- für den aus der Heimat Vertriebenen, Beheimatung,
- für die, die in einem von Krieg und Gewalt beherrschten Land leben, Friede,
- für die Verzweifelten und Resignierten die Hoffnung auf die Zukunft,
- für die, die keinen Ausweg mehr sehen, Menschen zu finden, die Rat geben und neue Wege eröffnen können."

Solche und andere „Heilserwartungen" des Menschen sollen durch die, die sich von Jesus Christus haben ergreifen lassen und ihm nachfolgen, wenigstens im Ansatz und Bemühen gestillt werden, auf daß die Gnade Gottes durch sie in die Welt vermittelt werde, sichtbar aufstrahle und Hoffnung auf Heils- und Gnadenfülle erwecke.

3. Gnade als Verheißung

Damit ist bereits ein drittes Moment angedeutet, das in den letzten Jahrzehnten besonders hervorgehoben wurde: Der Verheißungscharakter der Gnade. Wenn Gnade keine verborgene, innere, erlöste Heils*zone* im Menschen ist, sondern die ganze konkrete irdische Wirklichkeit betrifft, dann ist überdeutlich, daß Gnade unter dem Vorbehalt des Noch-Nicht steht. Erst wenn alles von Gottes gütigem Heilswillen erreicht ist, hat sich Gnade ganz durchgesetzt. Noch aber ist dies nicht der Fall, noch ist die Vermittlung des Geistes der Liebe durch Menschen am Werden, noch vermittelt sich die heilschaffende Liebe Gottes nur im Fragment. Und doch *ist* Gnade schon am Werk in Glaube, Hoffnung und Liebe, in der inneren Befreiung des Menschen und im Mut getrosten Handelns. Gerade die schon empfangene Heilsgnade steigert noch einmal „die Wahrnehmungsfähigkeit für das, was noch aussteht und noch fehlt. Die Befreiung von der Daseinsangst eröffnet die Perspektive des unerlösten Kosmos; die Errettung vom Tode, der das Ende menschlichen Lebenswillens ist, läßt die Vergeblichkeit bemerken, unter deren Gesetz unsere Mitwelt steht und wir mit ihr (Röm 8,19ff). Die Neuschöpfung des inneren Menschen macht die tödlichen Gefahren nur noch deutlicher, denen das Leben ohnehin ausgesetzt ist (2 Kor 4,7–18). Dies alles sind Auslegungen der Positivität des Heils: was es gewährt, wird nicht den Negativitäten des Lebens abgerungen, so daß die Erkenntnis des Bedrohenden und des Verneinenswerten das Maß für die Einschätzung des Heilsamen abgeben könnte. Die Anfechtung entsteht nirgendwo anders, als an dem verwirklichten Heil – und wie es sich verwirklicht, wird an nichts anderem erkennbar, als an dem klaren Wissen um das noch nicht Erfüllte. Die Verheißung des Heils bewirkt das Noch-Nicht, in dem wir leben. Die Anfechtung hebt, von der Not dieses Lebens bedrängt, das Nicht im Noch-Nicht hervor; die Hoffnung, die die Anfechtung nicht preisgibt, hält sich an das drängende Noch im Noch-Nicht." [23] Noch erfahren wir Gottes gütige Zusage und seinen Heilswillen in der Gestalt des Gekreuzigten, des unübersehbaren Zeichens für das Negative unserer Wirklichkeit, aber auch – weil es das Kreuz *Gottes* ist – der unbedingten Zusage kommenden universalen Heils. Das Kreuz zeigt: „Die Erlösung ist kein Ergebnis innerweltlicher Entwicklungen ... Sie ist vielmehr ein Einbruch der Transzendenz in die Geschichte, ein Einbruch, in dem die Geschichte selber zugrunde geht, in diesem Untergang sich freilich wandelnd, aber von einem Licht getroffen, das von ganz woanders her in sie strahlt." [24] Bis dieses Licht einmal ganz Gegenwart ist, bedeutet Gnade wesentlich die Kraft der Geduld, des getrosten Aushaltens und der unverbrüchlichen Hoffnung.

Mit diesen Hinweisen auf die neuere Entwicklung der Gnadenlehre sind bereits wichtige Elemente für ein neues Verständnis der Gnade Gottes gegeben. – Im folgenden sollen diese Elemente unter dem Stichwort „Gnade als Freiheit" abschließend systematisch zusammengefaßt werden.

[23] *G. Sauter,* Heilsvorstellungen und Heilserwartungen, in: EvTh 33 (1973) 239f.
[24] *G. Scholem,* Über einige Grundbegriffe (s.o. Anm. 19) 133.

Sechstes Kapitel
Gnade als Freiheit

1. Zur Thematisierung der Freiheit

Es gehört zu den theologischen Grundgesetzen, daß wir von Gott überhaupt nur dann und insoweit sinnvolle Aussagen machen können, als das, was wir von ihm sagen, in irgendeiner Form in unserer Erfahrung, d.h. in unserer menschlichen Wirklichkeit vorkommt. Gälte dieses Gesetz nicht, so könnten wir nur unverständliche, unsinnige Worte über ihn aussagen. Würde ein Theologe z.B. sagen: In Gott ist eine Kagurigkeit, würde jeder sofort nachfragen: Was soll das sein? Und dann könnte der Theologe gar nichts anderes tun, als diese Bezeichnung „Kagurigkeit" im Hinblick auf Wirklichkeiten, die in unserer menschlichen Erfahrung gegeben sind, zu erläutern. Anders (und fachtheologisch) gesagt: Von Gott können wir nur, müssen wir aber auch *analogisch* reden, d.h. in Beziehung zu unserer konkreten Wirklichkeit. Die Rede von Gott muß eine Entsprechung, ein Korrelat, einen Anknüpfungspunkt in menschlicher Erfahrung haben[1].

Dabei ist aber ein weiteres zu bedenken: Die menschliche Wirklichkeitserfahrung als Basis allen theologischen Redens ist nicht zu allen Zeiten gleich. Zwar gibt es bleibende menschliche Erfahrungen, die zum Wesen des Menschen gehören, z.B. Liebe, Leid, Glück, Tod usw., aber auch diese Erfahrungen stehen in ei-

[1] Was nicht heißt, daß von Gott reden *nur* von menschlicher Erfahrung reden bedeutet.

nem sich immer wandelnden Erfahrungshorizont, in dem die verschiedenen Erfahrungsgehalte unterschiedlich nach der jeweiligen geschichtlichen Epoche akzentuiert, pointiert, artikuliert werden. Es gibt Zeiten, wo in der menschlichen Erfahrung mehr das Individuelle oder mehr das Gesellschaftliche im Vordergrund steht, mehr der Optimismus oder der Pessimismus, mehr das Pathos des Handelns oder mehr das des Erleidens. Kurz: menschliche Erfahrungen wandeln sich. Daraus folgt nun aber auch, daß die Rede von Gott, da sie immer eine Verankerung im menschlichen, sich wandelnden Erfahrungshorizont hat, sich hinsichtlich ihrer Pointierung, ihrer Aspekte und ihrer Artikulation ebenfalls wandelt. Somit ist es nicht nur legitim, sondern notwendig zu fragen: Wie muß heute die Rede von der Gnade Gottes und vom Menschen, der von Gott begnadet ist, artikuliert werden, daß sie der besonderen Eigenart heutiger menschlicher Erfahrung entspricht? Wie und wo erfährt der Mensch heute Heil, Beglückung, Erfüllung seines Menschseins, so daß solche Erfahrungen die *Analogie* dafür abgeben, um von Gottes Heil und von der letzten Vollendung menschlichen Lebens durch seine Gnade sprechen zu können?

Es scheint sich heute dafür in besonderer Weise der Gedanke der *Freiheit* anzubieten.

Gewiß ist der Gedanke der Freiheit mit der Idee des Humanum notwendig verbunden. Überall, wo Menschen sind, streben sie Freiheit an, freilich auf verschiedene Weisen und unter einem verschiedenen Verstehenshorizont. Man könnte diese Verschiedenheit in drei Typen formalisieren[2]:

a) Der Mensch sucht Freiheit in seinem *Ursprung,* durch Rückgang in die heile geborgene Welt des Anfangs und der Tradition – Tendenzen, die sich in den Faschismen und „Naturalismen" der Neuzeit bis heute durchhalten.

b) Er blickt in die *Zukunft,* die Freiheit gewährt oder wo die Freiheit als Ergebnis des schöpferischen Einsatzes des Menschen

[2] Vgl. dazu *J. Neuner,* Kein Monopol in der Förderung der Freiheit, in: Conc. 10 (1974) 172f. Ferner: *K. Niederwimmer,* Der Begriff der Freiheit im Neuen Testament (Berlin 1966).

zu finden ist – Ideen, die sich in den verschiedenen Formen der Apokalyptik oder aktionistisch-messianischer Strömungen bis in die Gegenwart finden.

c) Er verlagert den Gewinn seiner Freiheit in die *Innerlichkeit;* unabhängig von äußerem Unheil versucht er durch Rückzug auf sich selbst und Selbstbesitz eigentliches, ungebrochenes Leben zu finden – von der Stoa, Gnosis und einer spiritualistisch-christlichen Glaubensauslegung angefangen, über fernöstliche Religionen und deren westliche Derivate ein durchgehender Zug in der Freiheitsgeschichte der Menschheit.

So gehört das Streben nach Freiheit und das Verlangen nach Freiheit wesentlich zum Menschen. Ja, die Geschichte der Menschheit läßt sich – wie Hegel es tat – als fortschreitende Geschichte des Freiheitsbewußtseins schreiben, das in der Neuzeit in gewisser Weise zum Abschluß gekommen ist [3]. Dabei ist der neuzeitliche Gedanke der Freiheit – für Hegel wie auch für Fichte und Schelling – entscheidend vom Christentum her geprägt. Das kann hier nicht im einzelnen ausgeführt werden [4]. Aber es genügt, sich daran zu erinnern, daß es zum Spezifikum der Neuzeit gehört, daß Theorie und Praxis wesentlich vom Gedanken und vom Handlungsziel der Freiheit bestimmt sind [5], wobei die drei eben skizzierten Richtungen des Freiheitsverständnisses sich pointiert dialektisch ablösen oder je verschieden miteinander vermitteln. Freiheit ist zumal heute eines der eindringlichsten Reizworte. Freiheit hat geradezu einen faszinierenden Klang. In diesen Begriff faßt sich fast alles zusammen, was sich der heutige Mensch ersehnt und erhofft.

Der Gedanke der Freiheit als Heilsgut ist aber auch in der Heiligen Schrift aufs tiefste verwurzelt. Die entscheidende Heilstat

[3] *G. W. F. Hegel,* Vorlesung über die Philosophie der Geschichte I, hrsg. von J. Hoffmeister (Hamburg 1955) 62f.

[4] Vgl. dazu z.B. *J. Baur,* Freiheit und Emanzipation. Ein philos.-theol. Traktat (Stuttgart 1974).

[5] So heißt es auch in der Pastoralkonstitution des Zweiten Vatikanischen Konzils, Nr. 4: „Niemals hatten die Menschen einen so wachen Sinn für Freiheit wie heute."

Gottes im Alten Testament ist die Befreiung aus der Sklaverei Ägyptens und die Gabe der Freiheit an das Volk der Erwählung. Dabei ist der Exodus nicht einmalige Tat Gottes, sondern er geht als das fundamentale Interpretament der alttestamentlichen Heilsgeschichte weiter und thematisiert damit immer wieder aufs neue, daß Gott die Freiheit des Menschen will. Im Neuen Testament zeigt sich, daß die von Jesus angekündigte Nähe der Gottesherrschaft für den Menschen *Befreiung von* der Sünde und der Macht des Bösen, von gesellschaftlichen Zwängen und gesetzlichen Leistungen und nicht zuletzt von der Sorge um das eigene Ich bedeutet, dagegen *Freiheit für* Gott und den Nächsten[6]. – Von Paulus wird die Freiheit als „das herrliche Gut der Kinder Gottes" bezeichnet (Röm 8,21). Das Neuwerden des Geschöpfes durch Jesus Christus besteht im Geschenk der Freiheit. Freiheit ist für Paulus der „Inbegriff des Heils schlechthin"[7]. Denn: „Wo der Geist des Herrn ist, da ist Freiheit" (2 Kor 3,17). In Gal 5,1 faßt Paulus die Heilstat Christi in den kurzen Satz zusammen: Christus „hat mich zur Freiheit freigemacht". – Entsprechendes gilt für das Johannesevangelium: Wenn der Sohn „freimacht", werden wir wirklich frei sein (Joh 8,36); denn seine Wahrheit macht frei (8,32). – So ist Christus „zur befreienden Stätte der menschlichen Freiheit" geworden[8].

Aus diesem Grunde legt es sich nahe, die wichtigsten Grundzüge der Gnadenlehre unter dem Gesichtspunkt „Freiheit" zu skizzieren[9].

[6] Vgl. dazu *R. Pesch*, Jesus, ein freier Mann, in: Conc. 10 (1974) 182–188.

[7] *G. Reidick*, Freiheit als Heilsgut, in: Grenzfragen des Glaubens, hrsg. von Ch. Hörgl und F. Rauh (Einsiedeln 1967) 365.

[8] *J. B. Metz*, Freiheit, in: HThG I, 405. – Vgl. dazu auch *E. Käsemann*, Der Ruf der Freiheit (Tübingen 1968); *J. Blank*, Das Evangelium als Garantie der Freiheit (Würzburg 1970); *R. Pesch*, Jesus, a.a.O.; *L. Keck*, Der Sohn als Schöpfer der Freiheit, in: Conc. 10 (1974) 189–195; grundlegend: *Niederwimmer*, Der Begriff der Freiheit (s.o. Anm. 2).

[9] Das folgende kann nur eine Skizze sein. Näheres ist nachzulesen bei *K. Rahner*, Gnade als Freiheit, TB (Freiburg i.Br. 1968); *H. Kessler*, Erlösung als Befreiung (Düsseldorf 1972); *G. Greshake*, Gnade als konkrete Freiheit (Mainz 1972), bes. 280ff. – Im folgenden werden gelegentlich Passagen aus letzterer Arbeit zitiert.

2. Gnade als Befreiung

Wenn heute im öffentlichen und privaten Leben nach Freiheit gerufen wird, so meint dieses Verlangen zumeist Befreiung von all dem vielen, was dem menschlichen Drang nach Selbstbestimmung, Selbstwerdung und Selbsterfüllung entgegensteht. Da sind die unendlich vielen Zwänge und unwürdigen Bedingungen, unter denen der heutige Mensch steht: die Fron der Arbeit mit ihrem Leistungszwang, die gesellschaftlichen und politischen Pressionen, Herrschaft von Menschen über Menschen, die Entwürdigung des einzelnen, und – nicht zu vergessen – die den Menschen entfremdenden Lebensbedingungen von Ungerechtigkeit, Not, Hunger, Armut, Einsamkeit, die viele Zeitgenossen auf verschiedenste Weise erfahren müssen. Reflektiert man theologisch auf diese unfreimachenden Faktoren und Strukturen der heutigen Welt, so ergibt sich, daß diese menschlicher Schuld, Bosheit oder Schwäche entstammen – nicht nur der Schuld des je einzelnen, sondern in ihnen zeigt sich gerade, wie die Schuld der vielen einzelnen gleichsam „Fleisch geworden“, „geronnen“, objektiviert ist: sie sind Ergebnis menschlicher Schuldverflochtenheit. Denn wo immer menschliche Freiheit sich verwirklicht, ob schuldig werdend oder gelingend, Freiheit gibt es nicht als rein individuelle, isoliert für sich, beschränkt auf einen rein geistigen subjektiven Innenraum. Freiheit verwirklicht sich nur im Kräftespiel mit anderer Freiheit am und im Medium raumzeitlicher konkreter Wirklichkeiten. „Selbst der ‚innerste‘ Akt ist noch ein äußerer, ist, konkret gesehen, auch ein leibhaftiger Akt des physiologischen Bereiches, der dem Eingriff von außen offensteht. Daher kann es eine reine Innerlichkeit der Freiheit gar nicht geben.“ Freiheit bedarf des welthaften Materials, an dem sie konkret und wirklich wird, sie bedarf – kurz gesagt – der *Welt*. Diese ist der *eine* offene Raum, „in dem Subjekt und Subjekt kommunizieren. Freiheit vollzieht sich, unbeschadet ihrer ursprünglichen Subjektivität, in einem gemeinsamen Raum der Einheit geschichtlicher Subjekte. Indem ich meine Freiheit vollziehe, bestimme ich den Freiheitsraum des anderen

Menschen mit. Ich verändere zwar nicht seine Freiheit selbst, aber den Raum, in dem sich seine Freiheit verwirklicht, und dies betrifft somit die Möglichkeiten seiner subjektiven Freiheit. Freiheit vollzieht sich immer in einem konkreten Freiheitsraum." [10] Deswegen also prägt sich der schuldhafte zerstörerische menschliche Freiheitsvollzug der vielen einzelnen nicht nur der Welt und ihren Strukturen auf, sondern durch gegenseitige Interferenz, durch Stimulierung und gegenseitige Beeinflussung potenziert er sich auch in ungeheuerlicher Weise, ballt er sich anschaulich zu den unheilvollen Strukturen unserer Welt und Gesellschaft zusammen.

Darum nützt es auch im Grunde wenig (nicht: nichts, sondern nur: wenig!), wenn einseitig rein äußerlich durch politische Reformen oder revolutionären Kampf ungerechte Strukturen geändert werden, solange nicht der Mensch selbst in der Tiefe seiner Freiheitsverfassung geändert wird, da sonst durch Strukturveränderungen nur äußere Formen, nicht aber der innere Grund dieser äußeren Formen, nämlich menschliche Sünde, Egoismus, Machtgier usw. gewandelt werden. Bleibt aber dieser letzte Grund der Unfreiheit bestehen, wird er sich auch nach positiven Reformen wiederum in neue Gestalten persönlicher und gesellschaftlicher Entfremdung verleiblichen. Aus der Diktatur des Faschismus mag dann die Diktatur des Proletariats werden, die aber deswegen nicht weniger Diktatur ist. Die Ungerechtigkeit und Entwürdigung, die das eine System in sich birgt, mag transferiert werden in andere, vielleicht weniger krasse, aber vielleicht sublimere und deswegen schwerer zu fassende Formen von Ungerechtigkeit und Entwürdigung. So ist zwar die Sklaverei abgeschafft worden, das war ein echter und wichtiger Fortschritt; aber ist die Arbeit am Fließband weniger Sklaverei? Die Unterdrückung der Frau ist dabei, in den westlichen Ländern abgeschafft zu werden, aber bedeutet die von der Gesellschaft geduldete, ja oft sogar geförderte Pornographie eine geringere Entwürdigung der Frau? Der Menschenfresser wird nicht dadurch humaner, daß man ihm Messer,

[10] *K. Rahner,* Gnade als Freiheit, 60.

Gabel und Serviette gibt. Solange nicht sein inhumanes Verhalten geändert wird, ist die „Reform“ seiner Eßgewohnheiten durch Besteck und Serviette ein oberflächliches, lächerliches „abstrusum“. An diesem karikaturistischen Beispiel mag deutlich werden, daß es nicht ausreicht, Formen und Strukturen zu ändern, solange der Mensch im tiefsten der gleiche bleibt. Der Mensch selbst muß ein anderer werden, sonst verbleibt er und die Gesellschaft in jenem „Verblendungszusammenhang“, von dem schon die Rede war. Änderung des Menschen und Änderung gesellschaftlicher Strukturen erweisen sich mithin als gleich notwendig, sie sind dialektisch aufeinander verwiesen und bedingen sich gegenseitig[11].

Aber damit stellt sich die Grundfrage: Wie kann eine Veränderung des Menschen und seiner Verhältnisse auf Freiheit hin unter den Bedingungen der Unfreiheit geschehen? Wie ist Liebe, gegenseitiger Dienst möglich unter den Bedingungen des Hasses, der Kälte und des Herrschaftsanspruchs? Wer kann eigentlich den einzelnen und die Gesellschaft befreien, da doch jeder selbst unfrei ist und somit die eigene Unfreiheit in die angezielte Freiheit hineinträgt?

[11] Vgl. *J. Moltmann*, Der gekreuzigte Gott (München 1972) 27: „,*Ändert euch selbst*‘, sagen die einen, ,dann ändern sich eure Verhältnisse auch.‘ Das Reich Gottes und der Freiheit soll es nur mit Personen zu tun haben. Unglücklicherweise tun ihnen die Verhältnisse nicht den Gefallen. Kapitalismus, Rassismus und unmenschliche Technokratie entwickeln sich ungerührt weiter. Die Ursachen des Elends sitzen nicht mehr nur in den inneren Einstellungen der Menschen, sondern sind längst institutionalisiert worden. ,*Ändert die Verhältnisse*‘, sagen die anderen, ,dann ändern sich auch die Menschen in ihnen.‘ Das Reich Gottes und der Freiheit soll es zuerst mit Verhältnissen und Strukturen zu tun haben. Unglücklicherweise tun ihnen aber die Menschen nicht den Gefallen. Ehekrisen, Drogensucht, Selbstmord und Alkoholismus gehen ungerührt weiter. Strukturen, die Menschen unglücklich machen, können abgebaut werden, aber eine Glücksgarantie ist für den Menschen damit nicht verbunden. Also muß man beides zur gleichen Zeit tun. Personale, innere Veränderung ohne das Ändern der Verhältnisse und Strukturen ist eine idealistische Illusion; als wäre der Mensch nur eine Seele und nicht Leib zugleich. Veränderung äußerer Verhältnisse ohne innere Erneuerung ist eine materialistische Illusion; als wäre der Mensch nur ein Produkt seiner gesellschaftlichen Verhältnisse und nichts sonst.“

Das Ganze läßt sich von der empirischen Soziologie her auch mehr empirisch problematisieren: Menschliches Leben ist geprägt, ja determiniert von Fakten und Zusammenhängen, deren es selbst nicht Herr ist, angefangen von den biophysischen und biochemischen Steuerungsmechanismen seiner stofflichen Natur, bis hin zu den vielen und abervielen Determinanten seines gesellschaftlichen Situiertseins. Eine bedeutsame Rolle spielt von den letztgenannten das Eingebundensein des Menschen in eine Familie, deren qualitatives Sein in die Konstitution des Kindes eingeht. „Das Kind übernimmt", wie Peter L. Berger und Thomas Luckmann zeigen[12], „die Rollen und Einstellungen der signifikanten Anderen, das heißt: es internalisiert sie und macht sie sich zu eigen. Durch seine Identifikation mit signifikanten Anderen wird es fähig, sich als sich selbst und mit sich selbst zu identifizieren, seine eigene subjektiv-kohärente und plausible Identität zu gewinnen. M. a. W. ist das Selbst ein reflektiert-reflektierendes Gebilde, das die Einstellungen, die andere ihm gegenüber haben, spiegelt. Der Mensch wird, was seine signifikanten Anderen in ihn hineingelegt haben." Dabei ist die Familie nicht die einzige Determinante. Überdies ist sie selbst nochmals eingefügt in ein größeres institutionalisiertes gesellschaftliches Ganzes, durch welches menschliches Sein und Verhalten kanalisiert und qualifiziert wird, so daß ganz allgemein gilt, daß der Mensch auf gesellschaftliche Interaktion angewiesen ist und nur durch die Gesellschaft zur eigenen Identität kommt. Durch Internalisierung der gesellschaftlich vorgegebenen Welt entdeckt der Mensch – unbeschadet seiner persönlichen unverwechselbaren Freiheit – sich selbst, wird er selbst, lernt er, die Rolle des anderen übernehmen, auch die eigene Rolle spielen. So ist die eigene Identität gesellschaftlich vermittelt: „Unser gesellschaftlicher Ort bestimmt nicht nur unser Verhalten, sondern auch unser Sein"[13]. Wenn aber – wie ausgeführt – die den Menschen prägende Gesellschaft selbst in einem umfassenden

[12] Die gesellschaftliche Konstruktion der Wirklichkeit (Frankfurt a. M. ²1971) 142.
[13] *P. L. Berger,* Einladung zur Soziologie (München 1971) 106.

Verblendungszusammenhang steht und durch Schuld und Sünde bestimmt ist, wenn sich in ihr die Unfreiheit der Sünde in allen möglichen Gestalten provozierend und ansteckend ausbreitet und in vielfältigen Formen und Strukturen des gesellschaftlichen Lebens objektiviert und institutionalisiert, wird auch je neu die Freiheit des einzelnen erdrückt und selbst in den gesellschaftlichen Schuldzusammenhang einbezogen. So steht nicht nur die Welt und Gesellschaft als ganze, sondern auch jeder einzelne unter dem Signum der Unfreiheit.

Damit stellt sich aber aufs drängendste die Frage: Wie ist dann ein qualitativ neuer Anfang möglich? Wo ist der neue Mensch, die neue Gruppe, welche Freiheit auszustrahlen und zu verwirklichen vermag? Ist nicht doch Resignation die einzig realistische Haltung? Denn – so bemerkt Theodor W. Adorno –: „Was immer der einzelne oder die Gruppe gegen die Totalität unternimmt, deren Teil sie bildet, wird von deren Bösem angesteckt, und nicht minder, wer gar nichts tut.“ [14] „Der Verblendungszusammenhang, der alle Menschen umfängt, hat teil auch an dem, womit sie den Schleier zu zerreißen wähnen.“ [15] Es genügt sicher nicht, Postulate des Anders-sein-Sollens aufzustellen: Liebt euch! Seid gerecht! Seid gut! Die Liebe – so noch einmal Adorno [16] – nur als Postulat des Sollens zu erheben, „ist selber Bestandstück der Ideologie, welche die Kälte verewigt. Ihm eignet das Zwanghafte, Unterdrückende, das der Liebesfähigkeit entgegenwirkt“. Und wie soll man die lieben, die ihrerseits nicht lieben können und darum nicht liebenswert sind? Wie also kommt der Mensch heraus aus dem Teufelskreis von unfrei machender Herrschaft, Totalitarismus, Unfrieden, Lieblosigkeit, Egoismus, Perspektiven- und Hoffnungslosigkeit, in der jeder Mensch, in der die ganze Gesellschaft steckt?

[14] Negative Dialektik 239, und er fährt fort: „Dazu hat die Erbsünde sich säkularisiert. Das Einzelsubjekt, das moralisch sicher sich wähnt, versagt und wird mitschuldig, weil es, eingespannt in die Ordnung, kaum etwas über die Bedingungen vermag, die ans sittliche Ingenium appellieren.“

[15] A.a.O. 362.

[16] Stichworte (Frankfurt a.M. 1969) 99.

Solche Erfahrungen und Überlegungen zeigen, daß der Mensch einer Befreiung bedarf, der er selbst nicht Herr ist, eines neuen Anfangs, der ihm nur als Geschenk von einer die Geschichte übergreifenden Macht, der Gottes, zukommen kann.

Schrift, Glaubensgeschichte und persönliche Glaubenserfahrung bezeugen, daß Gott auf vielfache Weise diese festgefahrene Unheilssituation des Menschen aufgebrochen hat, indem er neue befreiende „Anfänge" schenkte. Solche „Neuanfänge" sind im Alten Testament markiert und thematisiert durch Phänomene wie Berufung, Exodus, Bund, Gesetzgebung und -erneuerung. Aber auch außerhalb jenes Bereichs, den wir Offenbarungsgeschichte nennen, dürfen und müssen, nimmt man den universalen Heilswillen Gottes ernst, solche Neuansätze angenommen werden. Es gibt nicht nur einzelne „heilige Heiden", wie sie Schrift und Überlieferung immer gekannt haben, es gibt auch die Stiftung von Religionen, Kulturräumen, philosophischen Traditionen u. dgl., welche Freiheit initiieren und wachhalten. Freilich ist die Vollendung und Fülle all dessen erst in Jesus Christus erreicht, wo der ermöglichende Grund der Freiheit, die sich entgrenzende, entäußernde Liebe Gottes selbst in den konkreten gesellschaftlichen Freiheitsraum eingeht, durch radikale Liebe den Teufelskreis der sich verschließenden (Un-)Freiheit zerbricht, ein endgültiges, effizientes, normatives Leitbild der Freiheit aufrichtet und so einen nicht mehr rücknehmbaren, unter den Bedingungen der Geschichte unübertreffbaren, bleibenden Raum konkreter Freiheit stiftet: die Gemeinde.

Gott schenkt also Befreiung, indem er die Geschichte des Menschen durch Faktoren qualifiziert, wie Erziehung, gesellschaftliches Situiertsein, Erlebnisse, Begegnungen, geschichtliche Ereignisse vielfältigster Art, deren der Mensch nicht Herr ist, die ihm in ihrer Kontingenz als das ganz und gar nicht Selbstverständliche, sondern als das Zufällige und Überraschende begegnen (vgl. S. 101). Unter diesen Faktoren gibt es solche, die er als „Glücksfall" seines Lebens erfährt, die ihn von der Last seiner Vergangenheit frei machen, einen neuen Anfang gewähren und weitere Erfüllung versprechen, kurz: die ihm das schenken, worauf er im tiefsten aus war, was er aber nicht aus sich selbst heraus erreichen konnte, sondern was ihm als das befreiend Not-wendige zufiel. Solcher befreienden Freiheit begegnet zu sein, bekannte der Israelit, da er im Bundesvolk Gottes Vergebung, geschichtliche Führung, freimachende Weisung und Ordnung erfuhr. Solche Freiheit geschenkt zu erhalten, bekennt auch der Christ, der Christus in seinem Fortwirken begegnet und in seiner Nachfolge die freimachende Kraft des Herrn erfährt. Christus ist gleichsam der qualitativ neue „signifikant Andere", die befreiende Außeninstanz, die den allgemeinen Sünden- und Verblendungszusammenhang durchbricht. Er ist das Leitbild, von dem aus Unrecht und entfremdende Zwänge entlarvt werden und nach welchem eine Welt der Ordnung, der Brüderlichkeit und des Friedens gestaltet werden kann. In ihm werden in letzter Radikalität greifbar und sichtbar die ausweg- und hoffnungslosen Schründe dieser Welt, das Sinnlose und Verzweifelnde des menschlichen Daseins. Das Kreuz steht dafür als äußerstes Zeichen. Doch in Jesus Christus werden ebenso die „neuen" Perspektiven aufgerichtet. An der Liebe und Hingabe seines Lebens und Sterbens zerbrechen die versklavenden Mächte. Der Kreislauf des Bösen findet in seiner vergebenden, hinnehmenden und tätigen Liebe sein Ende. So ist uns in Jesus Christus eine neue Möglichkeit menschlichen Lebens in seiner Nachfolge eröffnet. „Er hat gehandelt, um euch ein Beispiel zu geben, damit ihr seinen Fußstapfen folgt" (1 Petr 2,21). Seine Auferstehung hat die Kraft einer Hoffnung erweckt, die nichts ausläßt und allem, auch dem menschlich gesehen Aussichts- und Sinnlosen, Zukunft verheißt. So ist Christus das Modell eines neuen befreiten Lebens.

Dieses Modell ist sich selber Maß. Nicht ein vom Menschen her entworfener Freiheitsbegriff kann Kriterium der Freiheit sein, sondern jene Freiheit, die in Jesus Christus, in seinem Werk und Wort, als unableitbares Geschenk aufleuchtet und die, obwohl sie absolut kontingent ist, doch zugleich als das absolut Not-wendige von dem, der sich auf sie einläßt, erfahren wird. Jesu Freiheit ist

Liebe, Hingabe, Vertrauen, Hoffnung bis zum Letzten, ohne Grenzen. So ist er die befreiende Freiheit Gottes in Person, er, „der seine Freiheit nicht an Weltverbessertum, nicht an subversive Techniken, nicht an gesellschaftskritisches Strategentum, nicht an organisatorischen Aktionismus, noch weniger an irgendwelche aufklärerischen Theorien verriet, sondern sie Gott anheimstellte und den Menschen verschenkte"[17].

Diese Freiheit Jesu ist aber nicht bloß ein *äußeres* Leitbild. Da menschliche Freiheit wesenhaft welthaft-„ekstatische" Freiheit ist, die sich im und am konkreten Material der Welt verwirklicht, gehört die „äußere" Ermöglichung von Freiheit immer auch zu den Wesenskonstituenten des „inneren" freien Aktes. Solche wirkmächtige äußere Ermöglichung von „innerer" Freiheit ist dort gegeben, wo zwischen dem begegnenden Außen und dem menschlichen Innern eine „Übereinkunft" hergestellt ist, wo das, was aus der Welt begegnet, sich als das Erfüllende dessen erweist, womit der Mensch der Welt begegnet[18]. Zwar ist die Ausrichtung des Menschen auf die in Jesus Christus begegnende Freiheit Gottes durch die Sünde niedergehalten. Aber von Jesus Christus und durch ihn vermittelt, geht – wie die Schrift sagt – der Geist aus, der gleichsam eine neue „Übereinkunft" zwischen Mensch und Gottes Gnadenangebot in Jesus Christus herstellt. Im Heiligen Geist, der den Menschen von innen her ergreift, geschieht – wie die traditionelle Theologie sagt – die Rechtfertigung des Sünders: Aus dem Sünder wird ein Gerechter. Der Mensch wird von Gott trotz seiner Schuld angenommen; ihm wird das Vermögen gegeben, als von Gott Angenommener, ja Geliebter leben zu können. Im Geist wird das „Äußere" des Christusereignisses, sein befreiendes Wort und Beispiel und die in ihm gegebene Heilszusage „verinnerlicht". Wer im Geist sich als von Gott Angenommenen erfährt, wie er ist, kann auch andere annehmen, wie sie sind. Wer

[17] *R. Pesch,* Die erinnerte Freiheit Jesu, in: Freiheit in Gesellschaft (Freiburg i. Br. 1971) 32f.

[18] Das ist näher ausgeführt bei *B. Welte,* Determination und Freiheit (Frankfurt a.M. 1969) 98ff.

selbst geliebt wird, kann auch andere lieben. Zu wem Gott unbedingt ja sagt, der kann auch zu anderen ja sagen. Wer Gott auf seiner Seite hat, der kann auch geduldig sein, hoffen und durchhalten in einer inneren Freiheit, wie immer die äußeren Verhältnisse sind. Diese innere, vom Geist gewirkte Freiheit ist zutiefst notwendig für ein Leben in einer Welt, die, solange die Geschichte dauert, nie ganz frei sein wird, da in ihr immer auch die Macht des Bösen wirksam ist. Wer von Gott geliebt wird trotz seiner Schuld, dem wird das Böse nicht das Letzte sein. Er ist von einer größeren Macht gehalten, als die angemaßte Übermacht des Bösen, die noch wirksam ist. So gesehen wirkt Gott durch den Heiligen Geist, der uns durch Christus gegeben ist, im Innern des Menschen die dem äußeren Leitbild Jesu korrespondierende innere Befreiung des Menschen.

Diese befreiende Kraft, die vom „*äußeren*" Leitbild Jesus Christus ausgeht und zugleich dem „*inneren*" Wirken des Geistes entspringt, betrifft nicht nur den einzelnen, vielmehr bilden von ihm aus – gleichsam um ihn herum – die Befreiten eine neue Menschheit, die zur Freiheit und Hoffnung berufen ist. Diese „neue Menschheit" nennen wir gewöhnlich Kirche. In der Kirche ist ein neuer gesellschaftlicher Raum konkreter Freiheit gestiftet, in welchem die Gnade, die Jesus Christus selbst ist, sich verwirklicht und, sich weitervermittelnd, auf alle ausgreift. Darum soll in der Gemeinde schon etwas deutlich werden von jener Freiheit, die mit Christus in diese Welt gekommen ist. In der gegenseitigen Vergebung (vgl. Eph 4,32), in der selbstlosen Annahme des anderen (Röm 15,7), im gemeinsamen Einschlagen eines neuen Weges und gegenseitiger Ermutigung dazu, im gemeinsamen Zeugnis und gemeinsamen Einsatz für das Gute und Rechte, im Versuch, in diesem Äon schon „eine umrißhafte Vorstellung der künftigen Welt" [19] entstehen zu lassen – und all das orientiert an Jesus Christus und befähigt durch seinen Geist –, verwirklicht sich die Kirche als Subjekt und Ort christlicher Freiheit. In liturgischer Feier, in

[19] Pastoralkonstitution des Zweiten Vatikanischen Konzils, Nr. 39.

Dank und Bitte erkennt sie die Gabe ihrer Freiheit wie auch die Hoffnung ihrer Freiheit an und setzt auf das, „was kein Auge geschaut hat".

„Gnade" besteht also in der inneren und äußeren Befreiung des Menschen von der Sünde. Sie kommt ihm von seinem *Ursprung*, Gott, her zu, weist ihn – überbietend – in seinen Ursprung, von Gott geliebtes Geschöpf zu sein, ein. Sie ergreift das *innerste Sein* des Menschen und greift über in die Strukturen der konkreten Welt. Sie ist jetzt schon wirksam, aber wirksam im Fragment, im Vorschein, im „Angeld" (2 Kor 1,22); sie ist jetzt noch eine Wirklichkeit, die über sich hinausweist auf ihre endgültige *Zukunft* im Reich Gottes.

So finden sich im christlichen Verständnis der Freiheit jene drei Dimensionen (vgl. S. 107f), die in der Freiheitsgeschichte der Menschheit oft getrennt voneinander thematisiert und gesucht wurden.

3. Gnade als Freiheit

Freiheit bedeutet mehr als Befreiung. Zur Freiheit gehört wesentlich, daß der Mensch zur letzten Selbsterfüllung gelangt, zum Ausschöpfen seiner Möglichkeiten, zur Findung seiner Identität. Hegel definiert die Freiheit so: „Die Freiheit ist die höchste Bestimmung des Geistes. Zunächst ihrer ganz formellen Seite nach besteht sie darin, daß das Subjekt in dem, was demselben gegenüber steht, nichts Fremdes, keine Grenze und Schranke hat, sondern sich selber darin findet. Schon dieser formellen Bestimmung nach ist dann alle Not, jedes Unglück verschwunden, das Subjekt mit der Welt ausgesöhnt, in ihr befriedigt und jeder Gegensatz und Widerspruch gelöst."[20] Freiheit leugnet Grenzen. Der Freie ist der, der ins unabgeschlossene Freie, ins Grenzenlose

[20] *G. W. F. Hegel,* Vorlesungen über die Ästhetik, Bd. I, Jubiläumsausgabe (Glockner) (Stuttgart 1927) 142. – Vgl. auch *ders.*, Vorlesungen über die Philosophie der Religion, Bd. II, 208.

gestellt ist und dort in allem Heimat, nicht Fremde, findet. Wahrhaft frei sein heißt, im Unendlichen seinen Durst stillen und seine Identität gewinnen (vgl. S. 16ff.). Nun zeigt schon die menschliche Erfahrung, daß dort der Mensch sich selbst in zwar zerbrechlicher, aber doch höchst realer Weise am intensivsten findet, daß dort die Fremde zur Heimat wird, wo Liebe und Gegenliebe ist, wo die Begrenztheit und Einsamkeit des Ichs aufgebrochen wird, wo dieses sich öffnet für einen Prozeß gegenseitigen Gebens und Nehmens. Nicht in der „Selbst"-Verwirklichung findet der Mensch Erfüllung – eine Idee, auf die hin das Hegel-Zitat ausgelegt werden könnte (: im Fremden sich *selber* finden) –, sondern in der Anerkennung und Annahme durch den andern, dadurch also, daß im Geliebtwerden das mir zunächst „Fremde" und mich „Begrenzende" zum „Eigenen" wird. Deshalb wird erst dort, wo der Mensch radikal Liebe erfährt und zu solcher Liebe fähig ist, wahrhaft Freiheit vermittelt. Diese Gegebenheit liegt dem Wortspiel zugrunde, das im Terminus „freien" liegt. Freien, das bedeutet: ich freie, ich liebe dich, und zugleich: ich mache dich frei. Diese in Freiheit geschenkte Liebe ist das, was mir nicht zur Verfügung steht und doch am notwendigsten ist. Die Liebe des anderen schränkt mich nicht ein, sondern umgekehrt: durch sie werde ich erst zur Freiheit entschränkt. Solche Freiheit, die der Liebe entspringt, verwirklicht sich gewiß in menschlicher Liebe. Aber steht nicht alle menschliche Liebe unter jener Einschränkung, die Paul Claudel in Bezug auf den Mann einmal so formuliert: „Die Frau ist ein Versprechen, das nicht gehalten wird"? Das heißt: jede menschliche Liebe ist ein Versprechen, eine Verheißung, aber eine Verheißung, die sich hier nicht verwirklicht, die an Grenzen stößt (nicht zuletzt an die Grenze des Todes) und damit über sich hinausweist auf ihren letzten Grund und Quellort (vgl. S. 25). Menschliche Liebe wird so zu einer Wirklichkeit, die zu erfahren gibt, daß die Möglichkeiten des Menschen darin nicht ihre letzte Erfüllung finden, sondern, daß menschliche Liebessehnsucht und Liebesmöglichkeit auf etwas verweisen, das zwischenmenschliche Liebe radikal übersteigt.

Von dieser Erfahrung her zeigt sich wiederum deutlich, was

„Gnade“ ist. Gnade bedeutet nicht nur Befreiung von Schuld und Entfremdung (vgl. Abschnitt 2), sie besteht darüberhinaus in der Selbstmitteilung radikalster Liebe Gottes an den Menschen. Nur dadurch, daß Gott den Menschen liebt und sich ihm durch Jesus Christus im Geist der Liebe radikal hinschenkt, wird das ungeheure Potential menschlichen Liebesdurstes ausgeschöpft und der Mensch selbst zu jener Liebe freigemacht und befähigt, die er schenken möchte, die er aber ohne die initiierende Liebe Gottes nicht zu schenken vermag. Allein dadurch, daß Gott den Menschen liebt und ihm an seinem Leben Anteil gibt durch den Geist der Liebe, allein im Wechselspiel der Liebe mit Gott wird der Mensch voll und ganz er selbst, wird er ganz frei. Eben dies meint die Bezeichnung der Gnade als „Selbstmitteilung Gottes“. In Jesus Christus hat sich Gott ganz dem Menschen mitgeteilt, ihn angenommen und „emporgehoben“, um ihn radikal in seine Liebe aufzunehmen. Unserer Erfahrung zeigt sich diese Wirklichkeit der Selbstmitteilung Gottes nur erst im Bruchstück und Fragment. Nur sporadisch erfaßt sie die Antriebskräfte unseres Lebens, Bewußtsein und Emotionalität. Sie bleibt in der Verborgenheit und Angefochtenheit des Glaubens. Deshalb ist auch unsere Antwort der Liebe mehr ein Sehnen nach Liebe denn ein wirklicher Vollzug solcher Liebe. Die Gnade steht unter dem Zeichen der Hoffnung, daß das, was jetzt im Dunkel des Glaubens als Grund des Lebens ergriffen und begriffen wird, sich einmal – wie in Jesus Christus – radikal in jedem Menschen, in der ganzen Menschheit durchsetzen wird. Darum steht auch unsere Freiheit, die aus solcher Liebe erwächst, unter dem Vorzeichen der Hoffnung. Christliche Freiheit ist und bleibt antizipierte Freiheit, die über sich hinausweist, ja über sich hinausruft: Maran atha – Herr, komm, uns zu befreien!

In dieser Solidarität der Hoffnung aber ist das christliche Menschenverständnis mit den vielen, ja vielleicht mit allen Entwürfen von Menschenbildern und Menschenverständnis, die es gibt, seien sie nun atheistisch, antitheistisch oder religiös in ihren tausend verschiedenen Varianten, verbunden. Denn überall zeigt sich, daß da, wo etwas vom Menschen ausgesagt wird, der Mensch über sich hinausweist in eine Zukunft, auf die er jetzt hoffnungsvoll wartet oder/und die er durch sein Handeln herbeizuführen sucht. In dieser Hoffnung solidarisch mit allen anderen, macht der Christ seine Hoffnung fest in der Verheißung des Gottes, den Jesus Christus verkündet hat. Mehr noch, er setzt darauf, daß das, was er erhofft, jetzt schon im Fragment, im Angeld wirksam ist. Er glaubt, daß die erhoffte Freiheit nicht einfach ausständig ist, sondern sich jetzt schon in der Kraft des Glaubens, im Mut der Hoffnung und in der Tätigkeit der Liebe fragmentarisch vollzieht, daß wahre Freiheit mithin jetzt schon anhebt – als geschenkte Freiheit, als Gnade. Wer glaubt, hofft und liebt, erfährt in aller Dunkelheit diese Freiheit. Er erfährt, daß der Glaube an Jesus Christus ihn trägt, ihm Freiheit schenkt und noch größere verheißt, so daß der Glaubende mit Petrus zu Christus sagen kann: „Wohin denn sonst sollen wir gehen, du hast Worte des ewigen Lebens!“ (Joh 7,68), oder ein wenig variiert: „Wo denn sonst können wir Freiheit und Erfüllung unseres Menschseins finden als in Jesus Christus!“

Siebtes Kapitel
Zum gegenwärtigen Stand der Gnadentheologie[1]

Ein Literaturbericht

1. Gnade als Freiheit

a) Kritische Reflexion über einige neuere Entwürfe

Die Grundthese, auf die „Geschenkte Freiheit" von der ersten bis zur letzten Seite hinausläuft, ist die Überzeugung: Menschsein bedarf zu seinem Gelingen der Gnade Gottes. Ja, eben dies ist das Wesen jener Ur-Gabe Gottes, die in der Theologie „Gnade" genannt wird, daß sie die Ermöglichung wahren, glückenden menschlichen Lebens, und das heißt: menschlicher Freiheit, ist[2]. Dieser erstmals in meiner Habilitationsarbeit „Gnade als konkrete Freiheit. Eine Untersuchung zur Gnadenlehre des Pelagius"[3] vorgelegte Ansatz stützte sich seinerseits auf

[1] An Überblicken über die derzeitige Problemlage in Sachen Gnadenverständnis seien in chronologischer Reihenfolge genannt: *G. Greshake*, Unheil – Sünde – Gnade. Bemerkungen zur gegenwärtigen theologischen Situation, in: Konturen heutiger Theologie, hrsg. von G. Bitter u. G. Miller (München 1976), 192f; *U. Ruh*, Wie von der Gnade reden? Neuere Entwicklungen in der katholischen Theologie, in: HerKorr 35 (1981) 572f; *Chr. Schütz*, Anmerkungen zur Neuorientierung der Gnadenlehre, in: MySal. Erg.-Bd., (Zürich – Einsiedeln – Köln 1981) 355–363; *G. Greshake*, Heilsverständnis heute. Ein Problembericht, in: ders., Gottes Heil – Glück des Menschen, (Freiburg – Basel – Wien 1983) 15–49; *J. Werbick*, Soteriologie (Düsseldorf 1990). Aus meinem Beitrag „Heilsverständnis heute" werden im folgenden einige Passagen teilweise wörtlich übernommen.

[2] Diese These wurde von mir weiter entfaltet in den beiden Veröffentlichungen „Signale des Glaubens. Gnade neu bedacht" (Freiburg – Basel – Wien 1980) und „Gottes Heil – Glück des Menschen" (Freiburg – Basel – Wien 1983).

[3] (Mainz 1972).

einige vorangehende bzw. gleichzeitig erschienene theologische Entwürfe[4]. Ungefähr im gleichen Zeitraum wie „Geschenkte Freiheit" erschienen zwei voluminöse Werke, welche zwar nicht ausschließlich Gnade als Freiheit thematisierten, wohl aber in ähnlicher Perspektive von Heil und Gnade sprachen:

(1) *Edward Schillebeeckx,* „Christus und die Christen. Die Geschichte einer neuen Lebenspraxis"[5]. Dieses umfangreiche Werk entfaltet die Wirklichkeit von Gnade und Heil ausgehend von Erfahrungen, welche Menschen mit Jesus Christus gemacht haben. Es sind Erfahrungen, die sich dann auf ganz unterschiedliche Weise in den neutestamentlichen Schriften niedergeschlagen haben. Aber all diese Variationen versteht der Verfasser als je verschiedene Auslegung der einen Grunderfahrung, daß Menschen in Christus Heil, nämlich Lebenssinn und Lebenserfüllung, von Gott her, begegnet ist. Diese Grunderfahrung von Gnade sucht Schillebeeckx dann im letzten Teil seines Werkes unter der Überschrift „Gottes Ehre und das wahre, gute und glückliche Menschsein" in unsere Gegenwart hinein zu übersetzen.

[4] Zu nennen sind z.B.: *K. Rahner*, Gnade als Freiheit (Freiburg – Basel – Wien 1968). Der Gedanke „Gnade als Freiheit" zieht sich bereits durch die frühen Schriften von Rahner hindurch. Vgl. dazu die Diss. von *H. Winterholler*, Schöpferische Freiheit in christlicher Anthropozentrik. Zur Freiheitslehre Karl Rahners, Bd. I–III (Gregoriana, Rom 1973). – Im ähnlichen gedanklichen Umfeld: *J. B. Metz,* Freiheit als philosophisch-theologisches Grenzproblem, in: Gott in Welt, hrsg. von J. B. Metz, W. Kern u.a. FS K. Rahner, Bd. I (Freiburg – Basel – Wien 1964) 287–314; *ders.*, Freiheit, in: HThG II, 28–40; *ders.*, Zur Theologie der Welt (Mainz – München 1966); *ders.*, Erlösung und Emanzipation, in: Erlösung und Emanzipation, hrsg. von L. Scheffczyk (Freiburg – Basel – Wien 1973), 120–140; *H. Kessler,* Erlösung als Befreiung, (Düsseldorf 1972); *ders.*, Erlösung als Befreiung?, in: StZ 191 (1973) 849–853; 192 (1974) 3–16. – Auch wenn die genannten Entwürfe dezidiert im Kontext gegenwärtigen Denkens entwickelt sind, ist die Grundthese nicht neu. Im Gegenteil! Zu Recht bemerkt *K. Lehmann,* Heiliger Geist, Befreiung zum Menschsein – Teilhabe am göttlichen Leben. Tendenzen gegenwärtiger Gnadenlehre, in: Gegenwart des Geistes, hrsg. von W. Kasper (Freiburg – Basel – Wien 1979), 191: „Wie vielfältig auch die inhaltlichen Bestimmungen sind, so erscheint theologiegeschichtlich Gnade von Paulus über Augustinus bis zur Reformation und zum Jansenismus immer wieder *im Zusammenhang der Ermöglichung von Freiheit*".

[5] (dt. Freiburg – Basel – Wien 1977).

(2) Ganz ähnlich legte schon vorher *Hans Küng* in seinem Werk „Christsein"[6] unter der programmatischen Überschrift „Christsein als radikales Menschsein" dar, was „Heil" bedeutet und wie es sich vermittelt (ohne dabei den theologischen Begriff „Gnade" in den Vordergrund zu stellen): Im Blick auf Jesus Christus, d.h. im Glauben an ihn und in seiner Nachfolge, eröffnet das Christentum „einen wahrhaft radikalen Humanismus, der auch das Unwahre, Ungute, Unschöne und Unmenschliche zu integrieren und zu bewältigen vermag ... Der Glaube an Jesus Christus [schenkt] Frieden mit Gott und mit sich selbst, überspielt aber nicht die Probleme der Welt. Er macht den Menschen wahrhaft menschlich, weil wahrhaft mitmenschlich; bis zum letzten offen für den anderen, der ihn gerade braucht, den ‚Nächsten'" (594).

In beiden Werken also wird – ähnlich wie in „Geschenkte Freiheit" – Gnade bzw. Heil als Ermöglichung gelingenden, befreiten und freien Menschseins verstanden.

Bleiben diese beiden Werke wie auch „Geschenkte Freiheit" eher auf einer phänomenologischen Betrachtungsebene, so unternahm inzwischen den bisher genauesten, mustergültigen Versuch, Gnade bzw. Erlösung als Befreiung und Freiheit zu verstehen und ein solches Verständnis in einer an Hermann Krings orientierten philosophischen Argumentation unter den Bedingungen neuzeitlicher Philosophie eingehender zu reflektieren, *Thomas Pröpper* mit seinem Werk „Erlösungsglaube und Freiheitsgeschichte. Eine Skizze zur Soteriologie"[7]. In einem (vergröbernden) Satz zusammengefaßt: Wenn menschliche Freiheit nur im Bejahtwerden und antwortenden Bejahen einer unbedingten Freiheit konstituiert wird, dann kann nach christlichem Glaubensverständnis solche Konstitution nur dadurch geschehen, daß Gott sich als unbedingte Liebe dem Menschen mitteilt. So ist Jesus Christus die Befreiung des Menschen zur Freiheit; er ist die Ur-Gnade, welche befreites menschliches Leben ermöglicht.

[6] (München 1974) 545 ff.
[7] (München ^{2}1988).

Bei aller Anerkennung dieses Entwurfs wie auch der Entwürfe von Schillebeeckx und Küng stellen sich an ein solches Gnadenverständnis ähnliche kritische Anfragen, wie sie gelegentlich bereits an „Geschenkte Freiheit“ gerichtet wurden: Steht hier nicht ein Anliegen im Vordergrund, das – jedenfalls an den Urkunden des Glaubens, an Schrift und Tradition, gemessen – erst den zweiten Rang einnimmt? Konkret: die Bestimmung „Gnade als Freiheit“ versteht Gnade primär als „neue“ Wirklichkeit im und am Menschen. Eben dies brachte auf seine Weise auch der klassische Begriff der „geschaffenen Gnade“ (gratia creata) zum Ausdruck (s. dazu S. 56ff). Für die an den Glaubensquellen orientierte klassische Theologie aber ist dieser Gesichtspunkt sekundär gegenüber der Wirklichkeit der „ungeschaffenen Gnade“ (gratia increata), d.h. gegenüber Gott selbst, der sich und sein Leben dem Menschen mitteilt[8]. Gnade steht hier nicht unter der primären Frageperspektive nach der Ermöglichung wahren Menschseins; vielmehr kristallisiert sich im Wort Gnade vor allem anderen das lobpreisende Bekenntnis zu jenem Gott, für den der Mensch so wichtig ist, daß er ihn aus reiner, unverfügbarer Liebe sucht, um ihn wirbt, sich ihm mitteilt und Gemeinschaft des Lebens mit sich anbietet.

Gewiß, beide Aspekte der Gnadenwirklichkeit widersprechen einander nicht. Denn wenn man von der „ungeschaffenen Gnade“, d.h.

[8] Vgl. *Lehmann*, a.a.O. (s.o. Anm. 4) 197f: „Hinter den Modellen ‚Christsein als radikales Menschsein‘ lauert noch eine ... Gefahr. Man fühlt sich nämlich bald an ein klassisches Erbübel der traditionellen Gnadentheologie erinnert, nämlich an den Vorrang der ‚geschaffenen Gnade‘ ... Nun bedarf es in diesem Zusammenhang keiner grundsätzlichen Apologetik für die ‚geschaffene Gnade‘, welche letztlich ja das volle Ankommen der göttlichen Selbstmitteilung in der kreatürlichen Wirklichkeit als ein neues Lebensprinzip zum Ausdruck bringt ... Aber gerade hier scheint man eine Errungenschaft der neueren Gnadentheologie zu übersehen, nämlich die Einsicht, ‚daß mit der Schrift und den Vätern die Mitteilung der ungeschaffenen Gnade als der geschaffenen Gnade unter bestimmter Rücksicht logisch und sachlich vorausgehend gedacht werden kann‘ [K. Rahner, Schriften I, 362]. Die ungeschaffene Gnade ist nicht Folgerung oder Wirkung, sondern seinshafter Grund für alle geschaffene Gnade ... Nicht selten gewinnt man ... den Eindruck, als ob einige neuere Entwürfe auf unreflektierte Weise einen Begriff von Gnade verwenden, der fast nur dem isolierten Modell ‚geschaffener Gnade‘ entnommen ist.“

vom Heilswillen Gottes ausgeht, der dem Geschöpf Anteil an seinem Leben geben will, so ist diese Teilgabe im Blick auf den Menschen als dessen (wahre) Freiheit zu verstehen. Wo man aber umgekehrt mit der Frage nach der Ermöglichung wahrer menschlicher Freiheit einsetzt, kommt die Reflexion auf das, was *wahre* Freiheit ist, nicht ohne Blick auf den sich selbst mitteilenden Gott aus.

Dennoch tendieren beide Ansätze zu je spezifischen Verengungen: Wo die Frage nach Gnade gleichbedeutend ist mit der Frage nach der Ermöglichung gelingenden Menschseins, kommt die Gnade in Gefahr, zu einer Art „Hilfe" und „Kraft" bzw. zu einem „Prozeßelement der vollen Menschwerdung"[9] zu werden – die Gefahr der westlichen Gnadenlehre. Geht man dagegen von der Selbstmitteilung Gottes an das Geschöpf aus, bleiben nicht selten die konkreten Auswirkungen auf das menschliche Leben blaß und konturenlos[10] – die Gefahr der östlichen Gnadenlehre. Kein Wunder, daß man in unserer so sehr nach Glaubenserfahrungen suchenden Gegenwart eher den ersten Weg einschlägt[11]. Wird dieser aber nicht eindeutig an den Primat der „unge-

[9] Ebd. 198.

[10] So z.B. bei *L. Scheffczyk*, Die Erfahrbarkeit der göttlichen Gnade, in: Mysterium der Gnade, hrsg. von H. Roßmann u. J. Ratzinger (Regensburg 1975), bes. 159.

[11] Siehe dazu außer den bereits angeführten Werken in chronologischer Reihenfolge: Erlösung und Emanzipation, hrsg. von L. Scheffczyk (Freiburg – Basel – Wien 1973); EvTh 33 (1973) Heft 3; *L. Sartori* (ed.), La salvezza cristiana (Assisi 1975); *D. Wiederkehr*, Glaube an Erlösung (Freiburg – Basel – Wien 1976); *J. M. Lochmann*, Versöhnung und Befreiung (Gütersloh 1977); *A. Torres Queiruga*, Recuperar la salvación (Madrid 1977); *D. Wiederkehr*, Erlösungsglaube im Horizont menschlicher Unheilserfahrung und praktischer Heilsverantwortung, in: MySal.-Erg.-Bd. (Zürich – Einsiedeln – Köln 1981) 239–250; ThGw 25 (1982) Heft 1; *R. Berthouzoz*, Gnade und Freiheit (1982), in: Neue Summe Theologie II (Freiburg – Basel – Wien 1989) 205–236; *P. Eicher*, Von der Gnadenlehre zur Theologie der Befreiung, in: ebd. 237–271.
Auf zwei spezielle Auslegungen von „Gnade als Freiheit" sei eigens verwiesen:
(1) Auf die lateinamerikanische Befreiungstheologie. Hier ist vor allem *L. Boff*, Erfahrung von Gnade. Entwurf einer Gnadenlehre (dt. Düsseldorf 1978) zu nennen. In dieser Schrift versucht der Verfasser, die klassische Gnadenlehre im Kontext lateinamerikanischen Befreiungsinteresses zu interpretieren. „Was heißt Gnade im Kontext Lateinamerikas, wo das Verlangen nach Entwicklung und Befreiung abgewürgt und gegen das gesellschaftliche Interesse der großen Mehrheit kanalisiert wird?" (49), ist die Leitfrage, die dazu führt, die Gnade Gottes gerade

schaffenen Gnade" rückgekoppelt, stellen sich fundamentale Probleme. Wenn Gnade nämlich primär „funktional" auf die Verwirklichung menschlicher Freiheit bezogen wird, kann – wenigstens bei Außenstehenden – der Eindruck entstehen, „im Grunde handle es sich doch eigentlich um eine Beziehung des Menschen nur zu sich selbst bzw. zu einem idealen Moment seiner selbst, religionskritisch: überflüssige Zutat, Verdoppelung, Surrogat"[12]. Am Primat der „ungeschaffenen Gnade", d.h. an der vorrangigen Explizierung des göttlichen Handelns (Selbstmitteilung an das Geschöpf), entscheidet sich mithin, ob die Transzendenz des Menschen, seine unbedingte Bezogenheit auf Gott, im Prozeß seiner Selbstverwirklichung radikal gedacht ist.

Wenn man bedenkt, daß es der Schrift zufolge der Heilige Geist ist, der das Leben Gottes dem Menschen mitteilt und der so die eigentliche (Selbst-)Gabe Gottes ist, stellt sich eine zweite kritische Frage an alle Entwürfe, die unter dem Programmwort „Gnade als Freiheit" stehen, nämlich: Welche Bedeutung hat hier die pneumatologische Dimension?[13] Erst die Einbeziehung des Heiligen Geistes in die Gna-

in ihrer welthaft-geschichtlichen, befreienden Kraft zu beschreiben. Weitere Autoren, die einen solchen Ansatz vertreten, sind bei *Eicher,* a.a.O. genannt. Zum befreiungstheologischen Ansatz der Gnaden- bzw. Erlösungslehre vgl. *H. Kessler,* Reduzierte Erlösung? Zum Erlösungsverständnis der Befreiungstheologie, in: „Auf Hoffnung hin sind wir erlöst" (Röm 8,24). Biblische und systematische Beiträge zum Erlösungsverständnis heute, hrsg. von I. Broer u. J. Werbick (Stuttgart 1987), 119–148.

(2) Auch das ganze Werk von *E. Drewermann* durchzieht die Überzeugung vom Befreiungscharakter der christlichen Botschaft. Nach ihm war und ist das Ziel des Auftretens Jesu und insgesamt des Wortes Gottes, die Menschen vom „allmächtigen Diktat der Angst zu erlösen" (*ders.,* Das Markusevangelium, Bd. I [Olten – Freiburg [2]1988] 34), indem der Mensch sich dem von der Schrift verkündeten Vater-Gott vorbehaltlos anvertraut. Insofern ist „Gnade" bei Drewermann so etwas wie die erfahrbare therapeutisch-befreiende Wirkung des Evangeliums.

[12] *Lehmann,* a.a.O. (s.o. Anm. 4) 198.

[13] Zur Notwendigkeit, die Pneumatologie in die Gnadenlehre zu integrieren, vgl. S. 117ff. Im übrigen bekenne ich schuldbewußt, daß ich in meinen ersten Äußerungen zur Gnadenlehre in „Gnade als konkrete Freiheit" die explizite Hervorhebung der pneumatologischen Dimension unterlassen habe. Für den Zusammenhang von Gnadenlehre und Pneumatologie vgl. auch *Lehmann,* a.a.O. 201ff. – Der Ausfall der pneumatologischen Dimension in einer Reihe gegenwärtiger gnadentheologischer Entwürfe ist bemerkenswert. Gelegentlich wird man an den Ausruf der Johannes-Jünger in Ephesus erinnert: „Daß es einen Heiliger Geist gibt! Wir haben

denlehre kann den Eindruck vermeiden, menschliche Freiheit werde allein ermöglicht durch die Begegnung mit dem *äußeren* Leitbild bzw. mit dem *äußeren* Offenbarungswort Jesus Christus und seiner Weitervermittlung in der Geschichte. Solange nämlich die Ur-Gnade Jesus Christus den Menschen nur erreicht als externes Wort Gottes, als äußere Zusage oder Herausforderung, als ab extra vorgehaltenes Leitbild des Humanum, ist und bleibt sie „Gesetz", d.h. Norm, Modell und Stimulanz wahren Menschseins. Damit ist zwar dem Menschen ein einladendes Ideal vorgestellt, zugleich aber die Frage unbeantwortet gelassen, wie denn der Mensch diesem Ideal Folge leisten kann, ohne von dessen Anspruch erdrückt und auf neue Weise in Unfreiheit gestürzt zu werden. Es ist nun gerade die spezifische Funktion des Geistes Gottes, die „äußere" Christusgestalt und sein Wort zu verinnerlichen, d.h. es zur inneren Form, zum Seins-, Handlungs- und

davon noch nicht einmal gehört!" (Apg 19,2). So kommt im entscheidenden systematischen Teil der Studie von *Schillebeeckx*, die unter der Überschrift steht „Gottes Ehre und das wahre, gute und glückliche Menschsein", a.a.O. (s.o. Anm. 5) 627ff, der Heilige Geist nicht einmal vor. Wenn der Autor auch im Epilog seines Werkes schreibt, daß es anfangs seine Absicht war, noch „die Pneumatologie und Ekklesiologie, d.h. die Lehre vom Geist Gottes, wie er in Kirche und Welt wirksam ist – eine Auffassung, die implizit sowohl in ‚Jesus, die Geschichte von einem Lebenden' als auch in diesem Buch über ‚Gerechtigkeit und Liebe' vorhanden ist –, darzustellen", so ist doch bemerkenswert, daß man hier überhaupt mit einer pneumatologischen „epoché" Gnadenlehre treiben kann. Auch im neuesten Werk von *Schillebeeckx*, Menschen. Die Geschichte von Gott (dt. Freiburg – Basel – Wien 1990), in dem er die „Kernbotschaft" des christlichen Glaubens darlegen will, ist die Pneumatologie trotz einiger Passagen (bes. 149f, 251f) ziemlich defizitär. Ähnliches ist vom Entwurf *H. Küngs* zu sagen. Auch wenn er in seinem Werk „Christsein" eine innere Gegenwart des Heiligen Geistes im Glauben kennt (S. 459ff), wird diese fast ausschließlich als Handlungsprinzip ausgelegt, nicht aber als Teilhabe am Leben Gottes. Im Abschnitt „Christsein als radikales Menschsein" ist vom Heiligen Geist nicht mehr die Rede. – Von H. Kessler wurde die pneumatologische Dimension von „Erlösung als Befreiung" aufgrund kritischer Einsprüche erst in einem Zusatzartikel „nachgeliefert". Vgl. *H. Kessler*, Erlösung als Befreiung?, in: StZ 199 (1973) 849–853; 192 (1974) 3–16. Und *Th. Pröpper*, a.a.O. (s.o. Anm. 7) 14f vermerkt ausdrücklich, daß die pneumatologische Dimension des Heilsgeschehens von wenigen Hinweisen abgesehen „nicht mehr eigens thematisiert ist". „Daß diese Arbeit eine solche [pneumatologische, trinitarische] Darstellung nicht mehr unternimmt, gehört zu ihren bewußten Grenzen".

Erfahrungsprinzip des eigenen Lebens zu machen. Erst so vermag der Mensch als „freier Sohn Gottes“ inmitten einer Welt zu leben, die unter den Bedingungen von Endlichkeit und Negativität solange nicht – noch nicht! – den vollen Glanz der Freiheit trägt, als sie erst „beim Offenbarwerden der Söhne Gottes von der Sklaverei und Verlorenheit befreit wird zur Freiheit und Herrlichkeit der Kinder Gottes“ (Röm 8, 21). Nur ein pneumatologisch begründetes Freiheitsverständnis vermag Freiheit (nämlich Freiheit im „Angeld“) unter den Bedingungen noch andauernder äußerer Entfremdung zu garantieren.

b) Umfassende Entwürfe zur Gnadentheologie

Der Kritik am Konzept „Gnade als Freiheit“ suchen zwei neuere Veröffentlichungen zu entsprechen, indem sie die beiden Pole der Gnadenwirklichkeit: anthropologische – theologische, christologische – pneumatologische, äußere – innere Dimension in ein ausgewogenes Verhältnis zueinander zu bringen suchen. So definiert *Alexandre Ganoczy* in seinem Werk „Aus seiner Fülle haben wir alle empfangen. Grundriß der Gnadenlehre“[14] Gnade folgendermaßen: „Gnade ist die freie, ungeschuldete Selbstmitteilung des Dreieinigen Gottes in Jesus Christus durch den Hl. Geist, welche die Selbstwerdung des Menschen als Person und Gemeinschaft, trotz Entfremdung und Sünde, durch geschichtliche Transzendenz ermöglicht, trägt und vollendet“ (9). Ähnlich formuliert *Otto Hermann Pesch* in seinem Werk „Frei sein aus Gnade. Theologische Anthropologie“[15] den Vorrang der „ungeschaffenen Gnade“ so: „Die ‚ganze‘ Gnade ist die Liebe Gottes, die jeden einzelnen Menschen mitsamt seinen persönlichen und sozialen Vorgegebenheiten persönlich will und unendlich liebt. Dieses unerschöpfliche Grundgeheimnis des menschlichen Daseins ist das Geheimnis Gottes selbst, uns zu verstehen erschlossen“ (321).

Beide Werke suchen diese integralere Bestimmung von Gnade in je umfassenden Studien zu entfalten. Dabei sind sie auch insofern

[14] (Düsseldorf 1989).
[15] (Freiburg – Basel – Wien 1983).

vergleichbar, als sie Wesen und Wirklichkeit der Gnade im Durchgang durch das biblische Zeugnis und vor allem durch die Geschichte der Gnadenlehre erschließen. Deswegen hat in beiden Büchern der theologiegeschichtliche Teil im Verhältnis zu den systematischen Partien ein erhebliches Gewicht. Ist von den beiden Publikationen die von Pesch ohnehin umfangreicher und detaillierter, so ist hier auch die methodische Reflexion auf Bedeutung und Stellenwert der Theologiegeschichte ungleich gründlicher: Gerade weil die Gegenwart, sowohl hinsichtlich ihrer Probleme wie auch in Bezug auf den „gemeinsam ergriffenen und vollzogenen Glauben" (112) der *Sache nach* mit den anders gearteten Begriffs- und Reflexionsgestalten der Vergangenheit konvergiert, ist es möglich, die Vergangenheit für ein bereicherndes Gespräch mit der Gegenwart „aufzubereiten". Beiden Werken ist ferner ein deutliches ökumenisches Interesse gemeinsam, welches darauf abzielt, die von der reformatorischen Tradition nicht selten mißverstandene katholische Gnadenlehre im evangelischen Raum und umgekehrt die reformatorische Gnadenlehre im katholischen Raum verständlich und einsichtig zu machen[16].

Schließlich ist beiden Werken gemeinsam, daß sie in ihrer Darlegung, sowohl in der Aufbereitung der Tradition wie im Hinblick auf die Entsprechung zwischen anthropologischen Fragestellungen und theologischen Aussagen, weitgehend auf der Ebene einer unmittelbar eingängigen, „einfachen" Glaubensprache bleiben[17]. Das muß kein Mangel sein, ruft aber die Frage nach einer reflektierteren Gestalt theologischer Anthropologie hervor, wie sie etwa bei *Thomas Pröpper* (s. S. 125) in seiner spekulativen Erörterung des Freiheitverständnisses[18]

[16] Dieses Anliegen hat Pesch bereits verfolgt im Werk *O.H. Pesch – A. Peters,* Einführung in die Lehre von Gnade und Rechtfertigung (Darmstadt 1981).

[17] Das kritisiert z.B. *K. Stock,* Anthropologie als Gnadenlehre? Anfragen an O.H. Peschs Anthropologie, in: Theol. Rundschau 50 (1985) 76: „Daraus ergibt sich ein Mangel an theoretischem Gehalt und an begrifflicher Klarheit. Er wird durch oft geschickte, oft aber auch willkürliche Vorschläge auf der Ebene pastoralen Sprechens kompensiert."

[18] Ähnlich tiefgründig auch *J. Heinrichs,* Ideologie oder Freiheitslehre? Zur Rezipierbarkeit der thomanischen Gnadenlehre von einem transzendental-dialogischen Standpunkt, in: ThPh 49 (1974) 395–436.

und bei *Wolfhart Pannenberg* in einer fundamentaltheologischen Reflexion über empirische Phänomene des Menschseins mit seiner „Anthropologie in theologischer Perspektive“[19] geleistet wurde[20] (ohne daß letzteres Werk *ausdrücklich* Dimensionen der Gnadenlehre berührt).

2. Trinitarisches Gnadenverständnis – Gnade als communio

Blickt man insgesamt auf die verschiedenen Tendenzen in der Gnadenlehre heute, so stellt man eine gewisse Polarisierung fest. Da stehen auf der einen Seite jene Entwürfe, die den konkret-erfahrbaren und durch Praxis zu verwirklichenden Charakter der Gnade betonen. Diese sind durchwegs christologisch, wenn nicht gar jesuanisch orientiert, genauer: sie heben den exemplarischen Charakter des Lebens Jesu für die Vermittlung heilvollen, befreiten menschlichen Lebens hervor. Diesen Ansatz verfolgen besonders H. Küng und E. Schillebeeckx. Dagegen stellen die Positionen, welche die innerlich-verborgene Präsenz der Gnade akzentuieren, das Wirken des Heiligen Geistes in den Vordergrund: So die traditionelle Gnadenlehre insgesamt und ihre heutigen Vertreter. In diesen unterschiedlichen Perspektiven zeigt sich eine Doppelpoligkeit in der Vermittlung und Erfahrung von Gnade, die keine Alternative zu bedeuten braucht, sondern im Gegenteil positiv zu vermitteln und zu integrieren ist.

Als Integrationsfigur bietet sich die Trinitätslehre an. Wenn das vollendete Heil des Menschen darin besteht, daß Gott *sich selbst* gibt, so ist der hier gemeinte Gott nicht ein monarchianischer, sondern der dreipersönliche Gott, der auf eine dreifach-spezifische Weise Anteil

[19] (Göttingen 1983).

[20] Eine sehr spezielle Art der Begegnung von traditioneller Gnaden- bzw. Erlösungslehre und gegenwärtiger Freiheitsproblematik, und zwar unter der Leitidee der von René Girard vorgetragenen These von der Aufhebung der Gewalt, findet sich bei *R. Schwager,* Der wunderbare Tausch. Zur Geschichte und Deutung der Erlösungslehre (München 1986).

an seinem Leben geben will. Der *Vater* ist Ursprung und Ziel aller Gnade, er sendet Sohn und Heiligen Geist, um den Menschen in sein Leben hineinzuziehen. In diesem Gnadenprozeß ist es *Jesus Christus*, der – sehen wir hier vom Versöhnungswerk ab – als vollendeter Mensch („zweiter Adam") das Leitbild für alles gelingende Menschsein aufrichtet, und der als Kyrios, d.h. als Grund, Norm und Ziel der Schöpfung, seine Lebensgestalt den vielen Brüdern und Schwestern einprägen und so die Einheit der Menschen mit sich und untereinander schaffen möchte. Und es ist der *Heilige Geist*, der durch seine Präsenz im Menschen jene innere Entsprechung und Befähigung (das „neue Herz") erwirkt, auf daß die „äußere" Christus-Gestalt nicht „Gesetz", ethischer Imperativ und zu leistendes Ziel ist, sondern den Menschen von innen her erfassende Lebensgabe und Lebenslust. Darüber hinaus ist der Geist die Kraft der Hoffnung, die auch unter den Bedingungen geschichtlicher Vorläufigkeit aus der Erwartung vollendeten Heils leben und handeln läßt.

So verhalten sich das Gnadenwirken Christi und des Geistes zueinander wie äußere Gestalt und inneres Leben. Beides ist unzertrennlich miteinander verbunden. Denn Gestalt ohne Leben ist tot, Leben ohne Gestalt ist leerer Rausch. Darum will Gestalt Leben werden, Leben aber Gestalt finden. Beides vollendet sich in der communio mit dem Vater, der durch das Wirken Christi und des Geistes „alles in allem" werden will (1 Kor 15,28). Nur eine trinitarische Konzeption dürfte aus der Engführung oder Einseitigkeit eines nur an der äußeren oder nur an der inneren Gnade orientierten theologischen Ansatzes herausführen. Nur so scheint Gnade sowohl als vollendetes Menschsein („als radikaler Humanismus", als „wahre Freiheit"), wie auch als Selbstmitteilung Gottes thematisiert werden zu können. Für ein solches dezidiert trinitarisches Gnadenverständnis gibt es in der neueren westlichen Theologie zwar einige Ansätze[21], kaum aber durchgeführte Entwürfe.

21 Vgl. die Arbeit von *Ganoczy,* a.a.O. (s.o. Anm. 14) sowie die in den Entwürfen von *H.U. v. Balthasar,* Theodramatik, Bd. III (Einsiedeln 1980) und *W. Kasper,* Der Gott Jesu Christi (Mainz 1982) 285 ff implizierte trinitarische Gnadenkonzeption. Ferner: *F. Courth,* Das trinitarische Gottesbekenntnis als die Wesensaussage

Verbunden mit einer trinitarischen Sicht der Gnade ist auch die in „Geschenkte Freiheit" nicht thematisierte Perspektive ihrer Sakramentalität. Gerade die Sakramententheologie betont mit ihrer traditionellen Definition von Sakrament als „äußerem Zeichen, das innere Gnade vermittelt", die Verflochtenheit von „äußerer" und „innerer" Heilsdimension. Und wenn man das „äußere" sakramentale Zeichen nicht als bloßen Ritus zur Vermittlung innerer Gnade betrachtet, sondern als symbolische, „anfängliche" Darstellung einer vom Heil Gottes erfaßten Lebenssituation versteht, dann bedeutet die *Erfahrung des sakramentalen Zeichens selbst* Antizipation des Heils, das immer äußere und innere Dimensionen zugleich umfaßt. Am Sakrament zeigt sich darum am deutlichsten, daß (christologische) Gestalt Leben (des Geistes) werden will und daß Leben sich *durch* die christologische Gestalt hindurch vermittelt. So gesehen, ist christliches Heil *wesentlich* sakramentales Heil, wofern man „sakramental" nicht auf einen formalisierten Sakramentsbegriff (im Sinne der sogenannten sieben Sakramente) beschränkt, sondern gleichsam als „Transzendental" christlicher Heilserfahrung und christlichen Gnadenverständnisses betrachtet.

In der sakramentalen Sicht der Gnade ist noch eine weitere Perspektive aufbewahrt, nämlich die ekklesiale Struktur der Gnade. Denn die Urform der Sakramente ist die Kirche als Grundsakrament, die eine unauflösbare Verbindung von „äußerem" sichtbar-erfahrbarem Heilsraum und „innerer" geistlicher Gnadenwirklichkeit ist, und zwar so, daß diese innere geistliche Wirklichkeit sich gerade in den äußeren kirchlichen Strukturen verleiblichen soll und das „Äußere" Ausdruck und weitervermittelndes Zeichen der inneren Gnadenwirklichkeit ist. Was aber ist diese „innere geistliche Wirklichkeit der Kirche"? Für die Kirchenkonstitution des II. Vatikanischen Konzils ist es die in immer neuen Variationen umschriebene „Einheit" = „communio": Einheit zwischen Gott und Menschheit, Einheit der Menschen untereinander.

des christlichen Glaubens, in: MThZ 29 (1978) 1–19 (Lit.). Für neuere Ansätze im evangelischen Raum vgl. *J. Moltmann,* Trinität und Reich Gottes (München 1980); *H. Ott,* Wirklichkeit und Glaube, Bd. II: Der persönliche Gott (Göttingen – Zürich 1969).

Als communio ist die Kirche Bild des trinitarischen, des „communialen" Gottes (vgl. LG 4). Communio ist also die tiefste „innere" Wirklichkeit der Kirche, und diese soll sich in ihrer „äußeren" Struktur verleiblichen, so daß die Kirche tatsächlich sacramentum unitatis, Zeichen und Werkzeug dieser Einheit ist.

Daraus aber folgt: Man tut gut daran, die eigentliche, letzte Wirkung und Gestalt der Gnade Gottes besser nicht (allgemein) *Freiheit* des Menschen zu nennen, sondern *communio*, d.h. die in einem gemeinsamen Freiheitsraum miteinander verwirklichte Freiheit. Damit schlage ich eine gewisse Präzisierung der in den ersten Auflagen von „Geschenkte Freiheit" vertretenen These vor. Besser würde man von „Geschenkter communio" sprechen[22]. Damit ist nichts von den Ausführungen der vorangehenden sechs Kapitel zurückgenommen oder zurückzunehmen. Denn schon im sechsten Kapitel wurde ein am Individuum orientierter Freiheitsbegriff zu einem die *Gemeinschaft* der Befreiten thematisierenden Begriff erweitert („Kirche als Subjekt und Ort christlicher Freiheit" und „Freiheitserfahrung als Erfahrung von Liebe"). So erhielt schon in der ursprünglichen Fassung dieses Buches der vieldeutige Freiheitsbegriff eine auf communio hin zielende Bestimmung. Diese würde ich heute noch viel nachdrücklicher herausstellen.

Ein communialer Freiheitsbegriff hat nicht erst am Ende, sondern bereits im ersten Ansatz der Gnadenlehre zu stehen. Denn communio ist gewissermaßen schon die „Uridee" Gottes mit seiner Schöpfung. Als Bild und Abglanz des trinitarischen = communialen Gottes trägt sie selbst communiale Züge und ist auf eine gemeinschaftliche Vollendung hin angelegt. Von Anfang an zielt Gottes Handeln mit ihr nicht auf je einzelne Menschen, sondern auf Sammlung (des Volkes Gottes, der Kirche, der Menschheit). Wenn dennoch einzelne berufen werden, so stets mit dem Auftrag, der Gemeinschaft zu dienen. Communio-Werdung der Schöpfung: das ist der Urgedanke des communialen Gottes. Gemeint ist sowohl die Gemeinschaft zwischen Gott und

22 Diese Grundthese wurde in soteriologischer Perspektive vorgestellt und durchgeführt in meinem Büchlein „Erlöst in einer unerlösten Welt?" (Mainz 1987).

Mensch wie auch die zwischen den Menschen. Beide sind untrennbar miteinander verbunden: Wenn der einzelne in lebendiger Verbundenheit mit dem communialen Gott steht, ist er selbst communial und kann es gar nicht anders sein. Nur ein communialer Mensch *entspricht* dem communialen Gott, nur ein gemeinschaftsfähiger Mensch kann teilhaben am Leben Gottes, der selbst „Gemeinschaft" ist.

Ist aber In-communio-leben die Grundbestimmung des Menschen und ist diese Grundbestimmung auch philosophischer Reflexion zugänglich[23], so stellen sich von hier aus zwei Fragen, die einen Verstehensansatz für die Wirklichkeit „Gnade" vermitteln:

(1) Wie ist die Freiheit des einzelnen (die Ursprünglichkeit und Unbedingtheit seines Selbstandes) mit seinem Eingefügtsein in das communiale Mitsein zu vereinbaren, ja – angesichts der Sünde – zu „versöhnen"? Jeder Versuch vom Menschen her, communio zu schaffen, steht ja vor dem Problem, wie denn mit der Freiheit dessen umzugehen ist, der sich der Gemeinschaft verweigert und damit den Prozeß auf Einheit hin stört. Die Lösungsversuche bleiben aporetisch: Entweder man respektiert diese Freiheit, dann aber kommt keine umfassende communio zustande und die zustandegekommene ist störanfällig; oder man respektiert sie nicht, dann wird Gemeinschaft zu einem Zwangssystem, das ihrem eigenen Wesen widerspricht. Dieses Dilemma zeigt, daß das Zustandekommen menschlicher communio von Bedingungen abhängt, deren der Mensch selbst nicht mächtig ist.

(2) Kann die zwischenmenschliche communio, falls sie zustande kommt, von sich aus garantieren, daß der einzelne Subjekt ist und bleibt und nicht auf das Gliedsein von Gemeinschaft reduziert wird? Offensichtlich nicht! Denn der Mensch bedarf, um freies Subjekt zu werden und zu bleiben, einer solch unbedingten Zuwendung und Anerkennung von seiten des/der andern, daß sie im Endlichen unerfüllt bleibt; er sehnt sich und strebt nach einer Liebe, die ein radikales und unerschütterliches Ja zu ihm sagt und diese Bejahung unter allen Bedingungen verbürgen kann. Dazu gehört, daß solche Liebe auch

[23] Siehe dazu *Greshake*, Erlöst 40–47.

Grund, Sinn und Vollendung des Daseins umgreift und garantiert; dazu gehört, daß sie selbst angesichts schwerer Schuld und drohendem Tod ihr Ja nicht zurückzieht, sondern einzulösen vermag. Welcher Mensch aber oder welche Gemeinschaft von Menschen kann das verbürgen? Und weiter: Wo ist die Liebe, die auch noch ein wirkmächtiges Ja zu sprechen vermag über Schuld und Versagen, Leiden und Tod all derer, die *vor mir* gelebt haben und die *in Zukunft* leben werden?

Wenn der Mensch Subjekt nur in der communio werden kann, diese aber als Gemeinschaft zeitverfaßter Menschen alle drei Zeitdimensionen umgreift, so muß das unbedingte Ja der Liebe auch Vergangenheit und Zukunft betreffen, da sonst weder der einzelne in der Gesamtheit seiner communialen Bestimmungen Erfüllung findet noch die communio selbst umfassenden Bestand haben kann. Dieser unbedingten Liebe aber ist niemand fähig, weder ein einzelner noch die Gemeinschaft als Ganze. So müssen wir einander das Entscheidende, wonach sich jeder sehnt, schuldig bleiben. Wir können weder das gelingende Leben des einzelnen Subjekts noch das der Gemeinschaft garantieren. Ganz abgesehen davon, daß unter den Bedingungen einer sündigen und schuldverflochtenen Menschheit die anderen für mich (und ich für die anderen) immer auch das nichtintegrierbare „Fremde" bleiben, das mich nicht zu mir selbst hin vermittelt, sondern von mir entfremdet, das mich nicht in die Freiheit und Weite communialen Lebens, sondern in die Enge der eigenen Ichsucht stellt.

Nicht von ungefähr kommt es aufgrund dieser Aporie von Liebe und Gemeinschaft zur heute vielfach verbreiteten Einstellung: „Wirkliche Liebe ist unmöglich, und wer es versucht, täuscht sich selbst und geht an diesem Versuch zugrunde"[24]. Vielleicht begnügt man sich noch resigniert mit dem „kleinen Glück", einer „warmen", halbwegs gelingenden Zweierbeziehung und deutet die nicht wegzuleugnende Sehnsucht nach der „großen Liebe" entweder als Illusion oder als jene „unendliche Offenheit", welche zwar die (transzendentale) Bedingung dafür ist, alles je Gegebene zu überschreiten, ohne daß aber dieser

[24] *O.H. Pesch,* Frei sein aus Gnade (s.o. Anm. 15) 167.

unendlichen Möglichkeit eine reale Wirklichkeit entspricht. Die Sehnsucht nach einer communio, die von unbedingter Liebe getragen ist und die jedem einzelnen (und sich selbst als ganzer) Lebensfülle und -vollendung zusprechen kann, hätte dann von vornherein kein Ziel, an dem sie zur Erfüllung käme; sie wäre nur ein Stimulus, auf dem Weg stets flüchtiger, sich immer wieder als unzulänglich erweisender Gestalten von Liebe und Gemeinschaft weiterzuschreiten, ohne daß ein letztes Ziel winkt.

Über die Feststellung des Zwiespalts zwischen faktischer Endlichkeit menschlicher communio auf der *einen Seite* und dem Wissen und Wollen des Menschen, nur in ganz und gar glückender communio Vollendung zu finden auf der *anderen Seite*, kommt eine philosophische Anthropologie kaum hinaus. Sie kann den Zwiespalt nur als unlösbare Grundfrage darlegen: Der Mensch ist darauf angelegt, in der communio sein Ganzsein zu gewinnen, und doch kann keine menschliche Instanz sie konstituieren, und keine vom Menschen geschaffene Gemeinschaft kann das Ganzsein des einzelnen vermitteln und garantieren.

Angesichts dieser vom Menschen unlösbaren Problematik kann einsichtig und verständlich gemacht werden, was die Gnade Gottes ist: Sie ist das Geschenk der communio, welche Anteilgabe an jener communio ist, in der sich das Leben des trinitarischen = communialen Gottes selbst vollzieht[25]. Anders gesagt: Die Urgnade besteht darin, daß das Leben Gottes selbst sich für uns öffnet, auf daß wir als Gemeinschaft in die Lebensgemeinschaft des dreifaltigen Gottes einbezogen werden, beginnend schon jetzt und einmal endgültig jenseits der Grenzen von Raum und Zeit.

[25] Dieser Gedankengang ist ausführlicher dargelegt in meiner schon erwähnten Schrift „Erlöst in einer unerlösten Welt?", bes. 29–54.

3. Zur Erfahrung der Gnade

a) Gnadenerfahrung als Glückserfahrung

Eine der entscheidenden Fragen neuzeitlicher Gnadenlehre ist die nach der Erfahrung der Gnade[26]. Wo Gnade als Befähigung zu befreitem Menschsein bzw. zur gelingenden communio verstanden wird, sind zugleich Ansätze gegeben, im konkreten Vollzug gelingenden Menschseins bzw. glückender communio der Wirklichkeit Gnade inne zu werden. Dieser Erfahrungszugang wurde in zwei ungefähr zur gleichen Zeit unabhängig voneinander erschienenen Veröffentlichungen noch einmal in spezifischer Weise akzentuiert, indem hier der *Glückscharakter* solcher Gnadenerfahrung herausgestellt wurde.

Für mich selbst war in meinem Beitrag „Glück oder Heil?"[27] das neuzeitliche Auseinanderbrechen von Heils- und Glücksverständnis wie auch von Heils- und Glückserfahrung der Anlaß, im Rückgriff auf Schrift und Tradition (besonders auf Augustinus und Thomas v. Aquin) zu zeigen, daß die Heilsgnade Gottes, d.h. die Präsenz des Heiligen Geistes, Glückserfahrungen vermittelt: Das endgültige und vollkommene Glück bei Gott (beatitudo) entwirft sich unter den Bedingungen der Geschichte als Abbild, Annäherung und noch unvollkommene Teilhabe in einem Leben von Glaube, Hoffnung und Liebe voraus. Der *Glaube* befähigt dazu, in der Ambivalenz menschlicher Erfahrungen und trotz aller Negativität empfänglich zu sein für Glück und Glückendes als Gleichnis künftigen Heils; die *Hoffnung* auf endgültige Vollendung qualifiziert den Erfahrungshorizont so, daß der Mensch in Trost, mutiger Geduld und letzter Gelöstheit das Glück der kommenden Welt erwartet. Zugleich befähigt sie dazu, dem erwarteten Glück handelnd entgegenzugehen, so daß bereits jetzt die verheißene Erneuerung der Welt umrißhaft, in Vorschein und Zeichen,

[26] Vgl. dazu *Greshake,* Heilsverständnis heute (s.o. Anm. 1) 23–29.

[27] Ursprünglich veröffentlicht in CGG 9, 101–139; in erweiterter Fassung in: Gottes Heil – Glück des Menschen (s.o. Anm. 1) 159–206.

vorausgenommen wird[28]; die *Liebe* als Antwort auf Gottes zuvorkommende Liebe läßt schon jetzt jene letzte Geborgenheit erfahren, die für ein glückendes Leben wesentlich ist; sie befähigt darüber hinaus auch zu neuen glückhaften menschlichen Beziehungen. So ist der „begnadete Mensch“ derjenige, dessen Leben in Glaube, Hoffnung und Liebe, d.h. in der Nachfolge Christi und auf Grund der Präsenz des Heiligen Geistes – beides verwirklicht in der Kirche –, *erfahrbar glückt*[29].

Anders und mit anderen Schwerpunkten setzt der Entwurf von *Ludwig Weimer* „Die Lust an Gott und seiner Sache. Oder: Lassen sich Gnade und Freiheit, Glauben und Vernunft, Erlösung und Befreiung vereinbaren?“[30] an. Sein Ausgangspunkt ist eines der Grundprobleme der klassischen Gnadenlehre, nämlich das Verhältnis von Gnade und Freiheit. Von hier aus fragt der Autor nach der Art und Weise des Zusammenwirkens von Gott und Mensch. Sollen göttliches und menschliches Handeln nicht in ein Konkurrenz- und gegenseitiges Einschränkungsverhältnis treten, müssen Gnade Gottes und Freiheit des Menschen „unvermischt und ungetrennt“ zusammengedacht werden, d.h. so, daß das Heil ganz Werk Gottes und ganz Werk des Menschen ist. Ein solches Miteinander ist nur dann möglich, wenn das, was Gott tut, also seine Heilsgabe, „in sich das den Menschen Beglückende, weil Gelingende [ist], so daß sie unbedingt mächtig wird, wenn der Mensch will“ (467), d.h. wenn „die Lust an Gott und seiner Sache“ den Menschen so fasziniert, daß eben diese „Lust“ – ohne Beeinträchtigung seiner Freiheit – Gegenstand eigenen Wollens und Wirkens

[28] Vgl. die diesbezüglichen Aussagen des II. Vatikanischen Konzils, bes. LG 35, GS 38f. Siehe zum gesamten Themenkreis: *K. Rahner,* Über die theologische Problematik der „Neuen Erde“, in: *ders.,* Schriften zur Theologie VIII, 580–592.

[29] In die gleiche Richtung gehen auch *H. Röhrbein,* Der Himmel auf Erden. Plädoyer für eine Theologie des Glücks (Frankfurt a.M. 1978); *A. Ziegler,* Das Glück Jesu (Stuttgart 1978). Zur philosophischen Grundlegung siehe *J. Pieper,* Glück und Kontemplation (München 1957); *R. Schaeffler,* Fähigkeit zum Glück (Zürich – Einsiedeln – Köln 1977); *St. Andreae,* Geschichtliches Heil. Anthropologische Voraussetzungen theologischen Heils, in: ThGw 23 (1989) 29–38; *Chr. Müller,* Glück als Thema der Theologie oder: Über die Bereitschaft zur Glückserfahrung, in: ThZ 46 (1990) 266–281.

[30] (Freiburg – Basel – Wien 1981).

wird. Dieses „Faszinosum“ der Gnade Gottes ist nach Weimer die *Kirche*. Sie ist einerseits Werk Gottes, da er sie als ek-klesia zusammenruft, sie erweist sich aber andererseits als das, worauf die tiefste Sehnsucht des Menschen nach glückender Gemeinschaft aus ist. Das in der Kirche zu verwirklichende gemeinsame Einander-Dienen und Sich-Freuen, Füreinander-Dasein und Miteinander-Tragen, Sich-Austauschen und Sich-Ergänzen „im geselligen Gottgenießen“ ist somit Gnade Gottes und freies Tun des Menschen zugleich, ist der „Traum Gottes“ und „Traum des Menschen“ (50). Wirklichkeits- und Erfahrungsort des Heils ist mithin die Kirche, in der alles Humane – auch alle kulturelle und politische Befreiungspraxis –, aber auch alles Gottgewollte und -gefügte zusammenkommt, in der Heil als kontemplativ zu empfangende Gabe und als „praktisch“ zu erfüllende Aufgabe glückhaft erfahren wird. Kurz: In der Kirche als konkreter Gestalt der Gnade wird deutlich, daß Gnadenerfahrung wesenhaft Glückserfahrung ist.

Dieser Entwurf von Ludwig Weimer hat einige Kritik erfahren[31]. Doch ist die Thematisierung der Gnadenlehre unter der Frage: Wie glückt der Mensch, wie und wo kann jetzt schon das im Glauben erhoffte Glück des Himmels anbrechen und erfahren werden, von nicht geringer Aktualität und Wichtigkeit.

b) Erfahrung heiligen Lebens

Noch in einer zweiten Hinsicht ist die Gnadenlehre insgesamt und darin speziell die Frage nach der Erfahrbarkeit der Gnade zu erweitern. Da es um eines der Herzstücke des christlichen Glaubens geht, können und dürfen nicht Lehre, Doktrin, Reflexion und Spekulation im Vordergrund stehen. Vielmehr ist die Theologie gehalten, sich an Modellen glückenden, begnadeten Lebens, wie sie beispielhaft an den

[31] Vgl. dazu *Greshake,* Heilsverständnis (s.o. Anm. 1) 40f. – Auch ist ärgerlich, daß Weimer andersgeartete theologische Entwürfe sehr einseitig darstellt und mit oft äußerst überzogener Kritik bedenkt. Das bescheinigt ihm auch *K. Lehmann* in seiner Rezension: Die Lust an Gott und seiner Sache, in: Christ in der Gegenwart 33 (1981) 93.

Heiligen abzulesen sind, zu orientieren. Bevor die Theologie anfängt, über Gnade und Heil zu reflektieren, muß sie Maß nehmen an der Wirklichkeit, und das heißt an der wirklichen Erfahrung von Heil und Gnade, wie sie seit der biblischen Zeit in besonderer Tiefe und Ausdrücklichkeit von exemplarisch Glaubenden gemacht wird und gemacht wurde. An den Heiligen wird deutlich, was christliches Heil schon ist und auf welche Verheißung es setzt. Heilige leben nicht „von einer Lehre her, sondern auf eine Lehre zu, und zwar so, daß ihr Leben als eine Lehre wirkt, als eine noch nicht faßbare Lehre“[32].

Das Auseinanderbrechen von Theologie einerseits und Hagiographie und Spiritualität andererseits ist nicht der letzte Grund für die Krise der Gnadenlehre und die offene, bisher nicht hinlänglich beantwortete Frage nach der Erfahrbarkeit der Gnade. Dagegen zeigen die in der Praxis heiligen Lebens implizierten Gnadenerfahrungen: „Neben der Analyse und Synthese der Dogmen und des langen Weges der Offenbarung ist die Hagiographie als Glaubensgut selber ein integrativer Bestandteil der theologischen Lehre, und die Kirche, die auf den ‚Aposteln und Propheten‘ (Eph 1,20), auf Amt und Charisma, auf objektiver und subjektiver Heiligkeit gegründet ist, wird durch nichts stärker befruchtet als durch das Zueinander von Theologie und Heiligkeit, von theologischer Lehre und gelebter Theologie[33]. Dieses „Zueinander“ ist – nicht zuletzt! – ein wesentliches Desiderat für eine künftige integrale Lehre von der Gnade Gottes.

[32] *M. Schneider,* Unterscheidung der Geister (Innsbruck – Wien 1983) 12.

[33] Ebd. 13. – Vgl. dazu auch *H. U. v. Balthasar,* Theologie und Heiligkeit, in: *ders.,* Verbum Caro. Skizzen zur Theologie I (Einsiedeln 1960) 195–225; *ders.,* Spiritualität, ebd. 226–244. Siehe auch *J. Weismayer,* Leben in Fülle. Zur Geschichte und Theologie christlicher Spiritualität (Innsbruck – Wien 1983) 16ff.

Namenregister

Abkürzungsverzeichnis

ALG	Sankt Augustinus – Der Lehrer der Gnade. Schriften gegen die Pelagianer und Semipelagianer (Würzburg 1955)
BA	Bibliothèque Augustinienne, Œuvres de Saint Augustin
CChr.SL	Corpus Christianorum, Series Latina (Turnhout)
CGG	Christlicher Glaube in moderner Gesellschaft (Freiburg – Basel – Wien 1981–1984)
Conc.	Concilium
DS	Denzinger-Schönmetzer, Enchiridion Symbolorum
EvTh	Evangelische Theologie
HerKorr	Herder-Korrespondenz
HThG	Handbuch theologischer Grundbegriffe (München 1970)
IKaZ	Internationale katholische Zeitschrift „Communio“
Lit.	Mit weiterer Literaturangabe
MThZ	Münchener theologische Zeitschrift
MySal	Mysterium Salutis (Einsiedeln–Zürich–Köln 1965–1976)
NR	Neuner-Roos, Der Glaube der Kirche in den Urkunden der Lehrverkündigung (Regensburg [8]1971)
PhJ	Philosophisches Jahrbuch der Görresgesellschaft
RGG	Die Religion in Geschichte und Gegenwart
StZ	Stimmen der Zeit
TB	Taschenbuch
ThGw	Theologie der Gegenwart
ThPh	Theologie und Philosophie
ThPQ	Theologisch-praktische Quartalschrift
ThQ	Theologische Quartalschrift
ThWNT	Theologisches Wörterbuch zum Neuen Testament (Stuttgart 1933–1978)
ThZ	Theologische Zeitschrift (Basel)
WW	Gesammelte Werke
ZKTh	Zeitschrift für katholische Theologie